SHODENSHA SHINSHO

東京大学第二工学部

——なぜ、9年間で消えたのか

中野 明

祥伝社新書

はじめに

『「東大夜間部出身なの?」と錯覚される日立・富士通新社長の学歴　東大第二工学部』。雑誌「サンデー毎日」七月十九日号に、こんなタイトルの記事が載《の》った。一九八一(昭和五十六)年のことである。さらに、次の文章が続く。

「あの東京大学に『第二工学部』なる学部があったのをご存じだろうか。技術者の需要がにわかに高まった戦時中に急造、戦後間《ま》もなくして廃止となった〝幻《まぼろし》の学部〟だ。あれから三十年余りたったいま、そのOBたちがそろって各界のトップに躍り出てきた。〝第二〟だなんて、なんとなくプライドにかかわりそうな?名前にめげず……」

そもそも、「サンデー毎日」がこの記事を掲載したのは、一九八一年六月、日本を代表する企業の社長に東京帝国大学(以下、東京大学または東大と記す)第二工学部出身で同期のふたりが同時に就任したからである。そのふたりとは、日立製作所の三田勝茂《みたかつしげ》と富士通の山本卓眞《やまもとたくま》である。いずれも東大第二工学部電気工学科を一九四九年に卒業している。

しかし、東大第二工学部など初耳だという人も多かった。なかには「東大に夜間部があったのか？」と首を傾《かし》げる人もいたという。こうした疑問に応《こた》える格好で構成したのが、前述の記事だった。

記者が書くように、かつて東京大学に第二工学部が存在した。戦時中、厳密に言えば太平洋戦争が勃発《ぼっぱつ》した約４ケ月後の一九四二年四月一日に開学し、戦後６年を経《へ》た一九五一年三月三十一日に閉学となった。わずか９年間の〝幻の学部〟である。

ただし、夜間学部ではない。当時の東京大学には、法学部、医学部、文学部、理学部、農学部、経済学部の６学部に加えて２種類の工学部があった。第一工学部と第二工学部である。だから、右に記した期間、東大には計８学部が存在した。

もっとも、第一工学部と第二工学部がまったく別物かと言うと、そうとも言い切れない。当時の東大では両学部を併《あわ》せた入学定員である７９８人を試験で選抜し、両学部の学生の質が均等になるように振り分けたからである。

ならば、わざわざ第二工学部と称する必要はなかろうと思うかもしれない。しかし、それには理由がある。東京の本郷《ほんごう》キャンパスに従来の倍以上となる工学部生を収容することができず、千葉県に新しいキャンパスを急遽《きゅうきょ》設け、ここに学生を受け入れたからだ。現在の千葉大学の敷地である。そのため、名称も第二工学部としたわけだ。だから第二工学部は第一工学部に劣《おと》るわけではないし、ましてや夜間学部でもない。

あこがれの東大に入学したものの、第二工学部に振り分けられた者は、かなりのショックを受けたようだ。というのも、学生がいずれかの学部を選ぶことはできなかったからだ。第一工学部になるのか、第二工学部になるのかは、まったくの運次第だった。「サンデー毎日」記事の続きを見てみよう。

「そりゃあ、ちょっとしたショックだったねぇ。娘が中学生になった頃だったか、マジメな顔して聞くんだよ。〝お父さんは東大の夜間部だったの?〟って……。そう思うのも不思議はないよ。早稲田（大学）だってどこだって第二学部と言えば、たいがいは夜間部だからねえ」

プライベートな酒席でのことだから、実名は伏《ふ》せてある。これは記事のなかで記者が、第二工学部出身で当時一流企業の役員に就《つ》いている人物の「ぼやき」として、紹介しているコメントだ。この記事の掲載は、第二工学部が廃止となった30年後のことである。今から30年以上前のことだ。当時ですら、東大第二工学部の存在を知る人は少なかったのだ。

現在では、なおさらであろう。

その「知られざる学部」の出身者で、しかも同期が、日本を代表する一流企業のトップに時を同じくして就任したのだから、話題になったのもうなずける。


日立製作所の社長に就任した三田勝茂は、一九二四（大正十三）年四月六日、東京都品《しな》川《がわ》の農家の末子として生まれた。旧制都立高校を経て一九四五（昭和二十）年に東大第二工学部航空機体学科に入学している。

当時の第二工学部の航空学科には、航空機体学科と航空原動機学科の2学科があった（東大第一工学部は航空工学科のみ）。当時の東大航空学科は、最難関中の最難関と言われており、全学の華《はな》だった。「航空だ」とひとこと言えば、誰もが一目置《いちもく》いたという。三田はその最難関に入学した。しかし、入学の年に終戦となり、航空機体学科は廃止される。そのため三田は翌一九四六年に試験を受けて、電気工学科に転籍している。

この電気工学科の同期だった山本卓眞は、一九二五年九月十一日に熊本市で、軍人の二男として生まれた。山本も父親と同じ軍人を目指し、陸軍航空士官学校を卒業後、満州に出征する。特攻隊員として死地に向かうはずだったその日に、終戦を迎える。一命を取りとめた山本は日本に戻り、翌一九四六年に東大第二工学部電気工学科に入学した。

同期とはいえ、三田と山本は特に親しい間柄ではなかったようだ。山本は卒業後の四月、富士通信機製造（現・富士通）に入社する。いっぽう、三田は若干《じゃっかん》遅れて、六月に日立製作所に途中入社した。それから32年後、ふたりはそろって社長に就任した。

もっとも、第二工学部出身者で著名企業の社長に就いたのは三田と山本だけではない。この一九八〇年前後に、第二工学部出身者が著名企業のトップや重役に軒並《のきな》み、名を連《つら》ねるのである。

三田と山本の同期生だけを見ても、ソニー副社長森園正彦《もりぞのまさひこ》、日立製作所専務でのちに日本ビジネスコンサルタント（現・日立システムズ）社長藤木勝美《ふじきかつみ》、ほかにも三菱電機常務亀山三平《かめやまさんぺい》、近畿日本鉄道社長田代和《たしろわ》などがいた。もちろん、三田と山本の同期だけではなく、第二工学部全卒業生に範囲を広げると、有為《ゆうい》な人材がきら星のごとく並《なら》ぶ。

石井泰之助《いしいやすのすけ》（三井造船社長）、石川六郎《いしかわろくろう》（鹿島建設社長）、岸田寿夫《きしだとしお》（大同特殊鋼社長）、久《く》米豊《めゆたか》（日産自動車社長）、近藤健男《こんどうたけお》（三菱商事社長）、村田一《むらたまこと》（昭和電工社長）、山田稔《やまだみのる》（ダ

イキン工業社長）……このように挙げ出すと、きりがない。

その顔ぶれと肩書きを見るにつけ、日本が「ジャパン・アズ・ナンバーワン」と言われた時代に、東京大学第二工学部出身者が日本経済を牽引《けんいん》する一角として活躍していたことがよくわかる。

多くの人材を輩出したその東京大学第二工学部とはいかなるものであったのか。その実態を解き明かしていきたい。

目次

第二章 第二工学部の開学

第三章 講義内容と学生生活

第四章　戦時下の研究

第五章　戦後の変化と閉学

第六章　卒業生と戦後の日本経済

図表作成　篠　宏行

第一章

第二工学部設立の背景

『世界最終戦論』

一九三一（昭和六）年九月十八日夜、中国の奉天《ほうてん》郊外にある満州鉄道の爆破を契機に、関東軍は中国軍を急襲する。この柳条湖《りゅうじょうこ》事件を皮切りに満州事変が勃発した。その後、関東軍は長春《ちょうしゅん》、吉林《きつりん》、チチハル、ハルビンを次々と占領する。そして一九三二年三月一日には、清朝最後の皇帝溥儀《ふぎ》を傀儡《かいらい》に満州国を建国する。その間わずか半年という早業《はやわざ》であった。

満州事変の首謀者は、一九二八年に関東軍参謀に就任した石原莞爾《いしわらかんじ》である。建国のスピードが物語るように、満州事変は石原によって綿密に計画されたものだった。

石原が関東軍参謀に就任した当時の満州では、実質的な支配者だった奉天軍閥張学良《ちょうがくりょう》が反日の旗幟《きし》を鮮明にしていた。また、一九三一年六月には満州北部を旅行していた陸軍参謀中村震太郎《なかむらしんたろう》大尉らが軍事スパイの廉《かど》で逮捕され、殺害される事件が起こる（中村大尉事件）。このままでは満州における日本の利権は侵食され、立場は弱体化するのではないか——関東軍が抱《いだ》いた危機感が満州事変の引《ひ》き金《がね》となった。

もっとも、石原にとって奉天軍閥に対する布石はけっして短絡的なものではなく、中長期的な戦略を念頭に置いたものだった。それは、石原の持論である「世界最終戦論」にもとづいていた。

のちに石原が立命館出版部より世に出す著作『世界最終戦論』によれば、戦争には決戦戦争と持久戦争の2種類に大別でき、人類の歴史では両タイプの戦争が交互に出現してきたという。決戦戦争とは、武力の手段が他の手段に比べて高い戦争で、男性的で短期で終結する特徴を持つ。いっぽう、持久戦争とは、政治的手段が武力による手段よりも勝《まさ》る戦争で、女性的かつ長期間続く傾向を持つ。

石原は、大量破壊を現実のものとする新兵器や、世界一周を実現する航空機の開発により、来《きた》る戦争は戦争発達の極限に達する決戦戦争であり、これにより戦争はなくなる、つまり世界はひとつになると主張した。

では、最終の決戦戦争はどの国とどの国が戦うのか。石原は今後、世界はソビエト連邦(以下、ソ連)、南北アメリカの米州、ヨーロッパ、東亜《とうあ》の4群になると予想した。そのうえで、ソ連はスターリン死後に活力を失い、ヨーロッパは民族間の争いで弱体化するだろう。その結果、日本を中心とする東亜連盟とアメリカが決戦戦争に挑《いど》むことになる。それは今から30年内外のことであり、50年以内には世界がひとつになるだろう、と石原は予想したのである。

『世界最終戦論』の出版が一九四〇年のことだから、一九七〇年頃に決戦戦争が発生し、一九九〇年頃には世界統一が済んでいる、と石原は考えたわけである。

石原莞爾《いしわらかんじ》と宮崎正義《みやざきまさよし》

東亜の盟主である日本がこの決戦戦争を勝ち抜くためには、仮想敵国アメリカを念頭に、入念な対策を講《こう》じなければならない。そのためにはまず、東亜の諸民族の力を総合的に発揚《はつよう》して、西洋文明の代表者と「決勝戦」を行なう準備をしなければならない。この準備を、石原は「昭和維新」と呼んだ。

この昭和維新には二つの布石が大変重要となる。ひとつは東亜諸国家の対立を超えて民族の協和、東亜諸国家の結合という新しい道徳を生み出すことが必要になる。もうひとつは、決戦相手に劣らぬ物質的力をつけておくという点だ。そのためには、ヨーロッパやアメリカ以上の生産能力を持たなければならない。これらを通じて決戦戦争でアメリカに打ち勝って「八紘一宇《はっこういちう》」すなわち世界をひとつ屋根の下の家にすべし、と石原は壮大なる気を吐《は》いた。

したがって、石原にとって満州国の樹立は決戦戦争に向けた戦略的布石であり、近視眼的な打ち手ではなかった。日本を中心に朝鮮半島、台湾、満州、さらには中国と東亜諸国を糾合するうえでの作戦だったのだ。

とはいえ、石原にも弱点がある。陸軍大学を次席で卒業し、4年間のドイツ留学を経験後、陸軍大学校教官を務めた石原にとって、軍事的な戦略や作戦の立案はお手のものだ。しかし、決戦戦争に備えた生産能力の拡充をいかにして図《はか》るかは、軍事専門家の石原は門外漢である。

誰か適切な人材はいないだろうか——。ブレーンを探していた石原はある男に目をつけた。男の名は宮崎正義《みやざきまさよし》という。聞き慣れない名だが、以下、小林英夫《こばやしひでお》著『「日本株式会社」を創った男』を基礎にこの人物について述べる。

宮崎は一八九三（明治二十六）年一月一日に石川県金沢《かなざわ》市で生まれた。県立金沢第二中学に入学し、卒業後は石川県の官費留学生としてハルビン、モスクワへと留学する。一九一一年のことだ。

帰国後、再びモスクワに留学した宮崎は、その後の一九一七（大正六）年に、南満州鉄道株式会社（略称・満鉄）に入社する。満鉄は一九〇六年十一月、日露戦争後のポーツマス条約で日本が満州南部の鉄道をロシアから譲《ゆず》り受けた際、同鉄道を運営するために設立された、当時日本最大の株式会社である。

宮崎は運輸部営業課を経て、総務部調査課所属となる。調査課は当初こそ満鉄経営のための各種調査を手がけたが、やがて関東軍との結びつきを強め、あたかも軍付属のシンクタンクのように、日本の大陸進出や満州経営に関する各種調査を担《にな》うようになる。

ロシア係主任として頭角《とうかく》を現わした宮崎は、調査課が関東軍と蜜月《みつげつ》関係になる中心メンバーのひとりだった。その蜜月関係の相手こそ、石原莞爾だったのである。

石原と宮崎が最初に出会ったのは一九三〇（昭和五）年秋、つまり満州事変よりも前である。関東軍司令部が旅順《りよじゆん》に宮崎を招き、宮崎は関東軍司令官や幕僚たちを前に、ソ連の経済事情や日ソ関係について講演を行なった。石原は宮崎の講演がすっかり気に入ったようだ。

この遭遇を契機に、ふたりの間は急速に密《みつ》となり、やがて石原は宮崎を「先生」と呼ぶほど入れ込む。そして、この「先生」がいる満鉄に、昭和維新推進の柱である生産能力の拡充策を立案させよう、と石原は考えたのである。

関東軍の要請に対して、満鉄では軍からの経済政策の諮問《しもん》に応じる満鉄経済調査会を設立する。委員長には、のちに国鉄総裁となり新幹線の整備に辣腕《らつわん》を振るう十河信二《そごうしんじ》が就任した。一九三二年一月のことである。こうして、満鉄経済調査会は関東軍に密着した調査機関として歩み出す。

重要産業五ケ年計画

しかし、これが東大第二工学部とどういう関係があるのか——と考える読者も多いに違いない。その点を知るには、もう少し順を追った説明が必要になる。

宮崎は満鉄経済調査会で、経済全般の調査立案を担う第一部主査と同時に幹事の地位にあった。会の主力メンバーと言ってよい。ここで宮崎は当時成功を収めていたソ連の経済施策「五ケ年計画」を徹底的に調査して、これを満州ひいては日本の経済発展に生《い》かそうと考える。

もっとも、宮崎はソ連のやり方をそのまま輸入するのではなく日本流にアレンジした。すべてを国が管理するのではなく、重要産業部門に国家の統制を加えて無統制な資本主義経済の弊害を排除することを、宮崎は目指したのである。この手法は、ソ連流の「計画経済」に対して「統制経済」と呼ばれることになる。

その後、宮崎は日本と満州の経済ブロックにおける経済統制方策の研究立案のために東京へ向かう。ここで宮崎は一九三五（昭和十）年八月に成立する日満《にちまん》財政経済研究会の中心メンバーに就く。ために、この組織を「宮崎機関」とも呼ぶ。同研究会は、当時、陸軍参謀本部作戦課長のポストにあった石原が、来たる日米決戦戦争を控え、日本の経済力を調査するとともに、具体的な生産性拡充の方策を立案するために設けたものだ。

以後、日満財政経済研究会は、日本経済を左右するレポートや施策を矢継《やつ》ぎ早《ばや》に公表する。その代表が一九三六年から一九三七年にかけての「満州国産業開発五ケ年計画」、さらにその内地版「重要産業五ケ年計画要綱」である。いずれも、満州および内地における「生産力の飛躍的増大を図《はか》り国防国策の確立と国民経済の進展とを期《き》するもの」である。

「五ケ年計画」とあるように、ソ連の五ケ年計画の影響がありありと見て取れよう。ただし、考え方はあくまでも統制経済で、石油・石炭・電力などの動力系、アルミニウム・マグネシウムなどの資源系の整備を基礎に、兵器、航空機、自動車工業、鉄、液体工業の拡充に重点を置いている。

さらに、この計画を具体化した、「極秘」の押印がある「重要産業五ケ年計画要綱実施に関する政策大綱（案）」（一九三七年六月十日）という文書では、①金融対策、②貿易および為替《かわせ》政策、③物価対策、④産業統制政策、⑤技術員、労働者対策、⑥機械工業対策、⑦交通政策、⑧国民生活安定保証政策、⑨財政政策、⑩行政機構の改革、以上10項目の遂行を掲《かか》げている。

このなかで、東大第二工学部をテーマとする本書が注目したいのは、⑤技術員、労働者対策である。大綱ではここで、一般産業の生産力拡大や交通量の増大による需要増加で技術者や熟練工、一般労働者の養成補充が必要だと指摘する。

なかでも、上級の技術者については一九四一年までに６７００人が必要になり、補充対策として「官公私立大学工学部及《および》工業専門学校卒業生の増加、私立大学工学部新設、工業専門学校及甲種《こうしゅ》工業学校の昇格、官公私立大学に専門部付設《ふせつ》等の方策を講《こう》す」（筆者注・カタカナ表記は仮名に改めた。以下同様）と記している。

工学技術者の大増員計画

さらに日満財政経済研究会は、「政策大綱（案）」から1週間後の一九三七（昭和十二）年六月十七日、こちらにも「極秘」とある文書「生産力拡充に伴《ともな》ふ技術者、熟練工及一般労働者補充計画（第二次試案）」において、「技術員、労働者対策」の、より詳細なプランを立案している。

この補充計画試案では、一九三七年から一九四一年に必要となる技術員の数を9万4900人と試算し、そのうち既存施設による自然増や下級技術員の格上げなどを差し引いた、養成対策を必要とする者を6700人と計算している。これは「政策大綱（案）」と一致する数字である。

さらにこの補充養成が必要な人員のうち大学卒業程度を2660人、工業専門学校程度を4040人と試算したうえで、補充施策についてもより詳細なプランを列挙している。

大学および工業専門学校関係を見ると、次の通りである。

・既存官公私立大学工業部卒業人員の3割増。ただし工業大学は4割増。
・慶大ほか1校に工学部を新設。
・横浜高等工業（現・横浜国立大）、仙台高等工業（現・東北大）、神戸高等工業（現・神戸大）、明治専門学校（現・九州工業大）の大学への昇格（既存部も存続）。
・工業専門学校卒業生3割増。
・甲種工業学校の工業専門学校への昇格。
・工業大学（現・東京工業大）、大阪帝大、早大、慶大工学部に専門部を付設。

以上にかかる費用は6724万4000円と見積もられた。これらは内地についての対策であるが、外地《がいち》についての策も宮崎らは考えていた。

・満州：工業大学1校新設。旅順工科大および新設工大に専門部を新設。南満《なんまん》工専（南

満州工業専門学校、現・大連《だいれん》理工大）拡充。

・朝鮮：京城《けいじょう》帝大（現・ソウル大）に工学部を新設。上記に専門部付設。京城高工（京城高等工業学校、現・ソウル大）拡充。

・台湾：台北《たいほく》帝大（現・国立台湾大）に工学部新設。

このように仮想敵国アメリカを想定し、国内の生産力を拡充するには、大学をはじめとした工学系教育機関の充実などが欠かせない。宮崎ら日満財政経済研究会はこのような考えを持っていたのである。

名古屋帝国大学、藤原工業大学の開学

一九三七（昭和十二）年七月七日に中国の北京《ペキン》郊外で盧溝橋《ろこうきょう》事件が勃発した。これを発端に日中戦争が始まると、時の政権である第一次近衛文麿《このえふみまろ》内閣は、「挙国一致《きょこくいっち》・尽忠報国《じんちゅうほうこく》・堅忍持久《けんにんじきゅう》」をスローガンに国民精神総動員運動を展開し、翌一九三八年五月には国家総動員法を施行する。国家総動員とは、国の全力をもっとも有効に発揮できるように、

人的および物的資源を統制運用することである。

そもそも、「重要産業五ケ年計画要綱」は、30年以上あとに発生する決戦戦争を念頭に生産力の拡充を目指していた。そのためには、少なくとも平時が10年は必要である。ところが、その前提が崩《くず》れ、日中戦争という当面の課題に対して、国家の資源を活用せざるを得なくなる。

このような動きのなか、「満州国産業開発五ケ年計画」および「重要産業五ケ年計画要綱」は換骨奪胎《かんこつだったい》される。平時の生産力拡充という統制経済の理念は棚上《たなあ》げとなり、非常時における統制手段として利用されることになる。これは工学技術者の養成も同様だった。というのも、以後国が推進する施策が、基本理念や細部の内容こそ異なるものの、宮崎らのプランと同様の方向に沿って進められるからである。

そのひとつに、一九三九年の名古屋帝国大学の新設がある。同校は、名古屋医科大学を前身とする内地では七番目の帝国大学であり、設立時に機械、応用化学、電気、航空、金属の5学科からなる理工学部を設けた。名称こそ理工学部ながら、学科構成は明らかに工学部そのものだ。というのも、のちに名古屋帝大理工学部は、理学部と工学部に分離されるが、工学部の学科は理工学部当時のままだからだ。

また、名古屋帝大が成立した同一九三九年には、藤原工業大学予科の創設がなる。同校は王子製紙社長で「製紙王」と呼ばれた藤原銀次郎《ふじわらぎんじろう》が、同社社長引退を機《き》に私財を投げ打って設立した大学である。機械工学、電気工学、応用化学の3科でスタートした。そして、一九四二年に学部となり、一九四三年に藤原工業大学は藤原の母校である慶應義塾大学に寄付の合意がなされて、その翌年に慶應義塾大学工学部となった。

名古屋帝国大や藤原工業大が成立した一九三九年は、官立高等工業学校の大幅な新設も行なわれている。

官立高等工業学校とは、第二次世界大戦後の学制改革以前にあった、工業専門の教育を行なう官立の学校のことである。一九三八年度時点で、京都、名古屋、熊本、米沢《よねざわ》などに18校あった。これが翌一九三九年度には、室蘭《むろらん》、盛岡《もりおか》、多賀《たが》、大阪、宇部《うべ》、新居浜《にいはま》、久留米《くるめ》の7校が新設となるのである。

このように、日満財政経済研究会による「重要産業五ケ年計画要綱」の成立から2年ほどで、工学技術者の養成補充策が、宮崎らのプランをなぞるがごとく現実のものとして動き出している。両者に関係がないとは考えにくいだろう。

少々《しょうしょう》話は長くなったが、このような国を挙げての工学部系の大学生増員という大きな流れのなかで、東京大学第二工学部構想が動き出すのである。

東大による新学部設置案

東大では第二工学部の設立に先立って、一九三九（昭和十四）年から2回、計約130人の工学部生を臨時増員している。この増員が、国からの強い要請か否《いな》かは判然としない。しかし、流れとしては宮崎らが描いたプランと合致するし、名古屋帝国大や藤原工業大など他の工学部生増員策とも時期がぴたりと合っている。

さらに東大では、この工学部生増員策を一歩進め、一九四〇年五月頃になると、臨時募集ではなく恒久的増員を計画するとともに、新たな工学部設置を検討するようになる。つまり、第二工学部創設案である。

そして、東大では両案を一九四一年度の新規事業として政府に提案した。文部省では東大案を承認して予算要求をするものの、大蔵省ではこの要求を一蹴《いっしゅう》した。第二工学部の設置は挫折《ざせつ》したかに見えた。

ところが一九四一年一月二十六日、時の東大総長平賀譲《ひらがゆずる》に対して、海軍当局は工学部の就学期限を短縮してほしいと要請してきた。これに対して、平賀総長は、学生の質的低下を憂慮して就学期限短縮には反対する（しかし、この短縮案はやがて現実のものとなる）。

いっぽうで平賀は、新規事業として予算請求した第二工学部の設置が頓挫《とんざ》した旨《むね》を説明し、就学期限短縮よりも工学部学生の増員が工学技術者の需要をまかなう唯一の道だと説いたのである。

海軍は平賀の意見を容《い》れ、翌日文部省と交渉する。さらに一月三十日には企画院《きかくいん》で緊急会議が開かれ、文部省、大蔵省、陸軍省、海軍省、企画院、それに東大の関係者が参集するなか、東大第二工学部の新設が急遽《きゆうきよ》決定を見るのである。まさに、急転直下の展開だった。

ちなみに、企画院とは一九三七年十月に資源局と企画庁が合体して成立した内閣直属の官庁（一九四三年に軍需省に吸収）であり、国家総動員を指揮する中枢である。緊急会議が企画院で開催されたことは、東大第二工学部設立に、国家総動員を推進する立場の人々が並々《なみなみ》ならぬ意欲を示したのだと想像できよう。

さらに二月初旬、大蔵省との折衝《せっしょう》により、東大第二工学部設立の追加予算が成立して、総額1270万200円の4年継続事業・初年度308万円の予算・建設に必要な資材については、陸海軍から供給することが決まる。

事態は急転し、ここに東大第二工学部は急ピッチで設立されることになるのであった。

日本最大の工学部

東大第二工学部の歴史を知るための基礎資料である東京大学生産技術研究所編『東京大学第二工学部史』には、東大第二工学部新設に関する一九四一（昭和十六）年度追加概算要求の提出理由が掲載されている。

「支那《シナ》事変以来、工業の異常なる発展を来《き》たし、その結果、工学士の需要激増し、科学振興調査会を始め、工業に関する各種学会、その他においては、今後毎年大学工学部卒業者の数を事変前のそれの三倍にすべしと主張する現状にあり。しかしてかかる多数の工学士は、現存せる教育施設をもってしては、これが養成は絶対に不可能なるのみならず、新にこれが養成施設をなすこともまた、容易のことに非《あ》らず。ここに見るところあり、東京帝国大学においては、第二工学部を設立して、国家必需の工学士増加養成の一端に資《し》せんとし……」

このように、東大第二工学部の新設も、考え方のうえでは日満財政経済研究会による「⑤技術員、労働者対策」に沿う施策だったと言ってよい。

ただし、宮崎らのプランが仮想敵国アメリカを念頭に置いた長期プランだったのに対して、第二工学部設立理由では「事変前のそれの三倍にすべしと主張する現状にあり」と、満州事変をきっかけにした工学技術者の需要増を理由にしている。しかも目前には日米開戦の可能性が高まっており、現実として工学技術者の増員は緊急の課題だったのであろう。しかしながら、宮崎らのプランとは違って、付《つ》け焼《や》き刃《ば》的対応と言わざるを得ない。

いっぽう、追加概算要求時の第二工学部設置要項案を見ると、設置場所は未定で、できるだけ東京近郊の適地を選定する。授業開始時期は一九四二年四月とする。当初、東大側は一九四三年度の創設を考えていたが、政府からの強い要望もあり、1年前倒《まえだお》しになった次第である。

また、開設学科については「土木工学科」「機械工学科」「船舶工学科」「航空学科（機体専修、原動機専修）」「造兵《ぞうへい》学科」「電気工学科」「建築学科」「応用化学科」「冶金《やきん》学科」とした。ただし、航空学科が最終的に「航空機体学科」「航空原動機学科」の2科に分かれたため、計10学科となる。

ちなみに、東大工学部（のちに第一工学部に呼称変更）は、「土木工学科」「機械工学科」「船舶工学科」「航空工学科（機体専修、原動機専修）」「造兵学科」「電気工学科」「建築学科」「応用化学科」「火薬学科」「鉱山及《および》冶金学科（鉱山専修、冶金専修）」で、第二工学部と同じ10学科である。

第二工学部には火薬学科および鉱山専修がなく、代わりに航空工学科が2学科に分かれて10学科となった。したがって、第一工学部と第二工学部の学科構成はまったく同じわけではなかった。

第二工学部の定員は各学科40人とするが、機械工学科のみ60人とし、合計420人を入学予定数とする。既存の東大工学部の定員が378人（一九四二年四月時点）だから、第二工学部はそれよりも42人多い計算になる。これは日本で最大の学生を収容する工学部が誕生することを意味した。

講座数は各学科に6講座を基準にする（ただし機械工学科のみ8講座）。講座とは研究教育のための基本単位で、1講座につき教授・助教授・助手を配置して、ここに給料や毎月の研究費が下りる仕組みになっている。この下に大学院生・卒業論文生がピラミッド状に並ぶ組織形態となる。

したがって、講座数が多いほど学部の規模、ひいては予算も大きいことになる。また各学科の講座とは別に、共通講座を7講座設ける。これにより、東大第二工学部の全講座数は最終的に69講座を目指すことになる。

軍艦の神様・平賀《ひらが》譲《ゆずる》

第二工学部の設立にあたり扇《おうぎ》の要《かなめ》とも言える役割を果《は》たしたのが、前述の東大総長平賀譲（写真1）である。

海軍出身の平賀は軍艦設計のエキスパートであり、「軍艦の神様」の異名を持つ。また、平賀が東大総長就任直後に実行したいわゆる「平賀粛学《しゆくがく》」は、やがて閉鎖のやむなきに至る第二工学部の遠因のひとつになったと言ってもよい。

したがって、ここでは、平賀の経歴および平賀粛学を含めた東大総長就任後の事績について、若干詳しく説明しておくのが適切だろう。

平賀譲は一八七八（明治十一）年三月八日、旧広島藩士平賀百左衛門の子として生まれた。第一高等学校を経て、東京帝国大学工科大学（のちの東大工学部）造船学科を首席で

写真1 平賀《ひらが》譲《ゆずる》

1878（明治11）～1943（昭和18）年。東京帝大造船学科を首席卒業後、海軍省入省。海軍造船中将、東京帝大教授を経て、同大第13代総長。同在職中に死去。死後に男爵、旭日大綬章を受章。写真は海軍大礼服《たいれいふく》着用時
（『平賀譲――名軍艦デザイナーの足跡をたどる』より）

卒業し、海軍造船中技士（のちの造船中尉）となる。これが一九〇一年七月のことである。当時の日本は、一八九五年に日清戦争に勝利したあと、一九〇四年に相見《あいまみ》える仮想敵国ロシアを想定した海軍力の増強に力を入れていた。

日露戦争勃発後の一九〇五年二月、平賀は最新の造船技術を学ぶため、イギリスのグリニッジ海軍大学へ2年半の留学に出発した。時は、イギリスがそれまでの常識を覆《くつがえ》す、単一巨砲と蒸気タービン推進の戦艦「ドレッドノート」を完成させ、大艦巨砲主義《たいかんきよほう》が幕《まく》を開ける時代である。まさにそのタイミングで、平賀はイギリスに留学し、やがて最新の軍事情報を日本に持ち帰るのである。

平賀が帰国した当時の日本海軍は、日本海海戦でロシアを打ち破った実績から、自信を深めていた。平賀が持ち帰った弩級《どきゅう》戦艦（ドレッドノートの頭文字「ド」を「弩」にあてた）に関する情報は、海軍力のさらなる増強に欠かせないものとなる。こうして、平賀は大鑑巨砲時代の日本海軍をリードする軍艦設計者として頭角を現わすのであった。

なかでも、平賀の名を世間に知らしめたのは、八八《はちはち》艦隊の主力艦の設計によってである。八八艦隊とは艦齢《かんれい》が8年未満の戦艦8隻と巡洋戦艦8隻を指す。いわば海軍大国を目指す日本の輝かしきビジョンである。平賀はその設計の中心として、戦艦「長門《ながと》」を改造し「陸奥《むつ》」や「天城《あまぎ》」「妙高《みょうこう》」の設計を手がけた。やがて平賀は「軍艦の神様」と呼ばれ、また「国宝」とさえ称されるようになる。

しかし「軍艦の神様」も、本物の神様のような完璧な存在ではない。職場での平賀は他人の意見に耳を貸さず、万事《ばんじ》自分の考えを押し通した。対立する意見を耳にするとすぐに怒り出すのもクセだった。さらに人物の好き嫌いが激しく、多くの同僚を敵に回した。

平賀は熱しやすいことから「ニクロム線」とあだ名され、またけっして譲歩しないことから「平賀不譲」と陰口《かげぐち》をたたかれた。「不譲」は「ふじょう」とも「ゆずらず」とも読める。仮に前者の「ふじょう」と読むと「不浄」に通じる。平賀を憎む者からすると、格好のあだ名だったと想像できる。

一九二三（大正十二）年、平賀は計画主任の任を解《と》かれて、欧米視察に出かける。翌年、世界各国の最新情報を収集して帰国した平賀を待っていたのは、閑職（海軍技術研究所長）だった。明らかな左遷人事であり、反平賀派による策謀である。

一九三一（昭和六）年、失意の平賀は予備役《よびえき》（現役を離れること）となり、その翌年、専任の東大教授となる。もっとも、平賀はイギリス留学から帰国後、一九〇九年から一九一二年まで東大講師として造船学を講義し、また一九一八年からは東大教授を兼任していたので、教壇に立つのはこれがはじめてというわけではない。

政府の圧力と大学の自治

ここで注目すべきは、東大専任教授時代の平賀である。当時の東大学内、なかでも経済学部において、大学自治に関する面倒な問題がたびたび起こっていた。矢内原《やないはら》事件や第二次人民戦線事件がそれである。

前者の矢内原事件は、経済学部教授矢内原忠雄《ただお》が雑誌「中央公論」に書いた論文「国家の理想」、著作『民族と平和』の諸論文、個人誌「通信」に載った講演記録が政府批判と指摘され、矢内原が東大教授を辞任するに至った事件である。一九三七（昭和十二）年に起こった。

なぜ、これが大学の自治と関係があるのか？　そもそも、大学の人事は各学部の教授会が決定する。ところが矢内原の場合、論文の内容を盾《たて》に、政府が大学に対して矢内原の辞任を求めてきた。これは大学における従来のしきたりからすると政府の越権行為、つまり大学の自治を揺るがす大問題だった。

また、矢内原事件から時をおかずして、労農派《ろうのうは》の学者など400人以上が逮捕された第一次人民戦線事件が起こる。さらに翌一九三八年には、この事件に関連して労農派グループを援助した学者らが追加で検挙された。そのなかに東大経済学部の大内兵衛《おおうちひようえ》教授や有沢広巳《ありさわひろみ》助教授らが含まれていた。これが第二次人民戦線事件（教授グループ事件）である。

普通ならば、検挙された教授らは尋問後、起訴が決定した時点で休職処分にする。しかし政府は、起訴を待たずに、当人から休職願を出させるよう大学に圧力をかけた。またしても、大学の自治にかかわる問題である。

これらは第一次近衛内閣下で国家総動員法が成立する直前のことだ。国家総動員による政府の統制対象には、大学も入っている。そのためだろうか、国家総動員法施行の一九三八年五月、木戸幸一《きどこういち》（太平洋戦争開戦・終戦時の内大臣）に代わり、陸軍大将荒木貞夫《あらきさだお》が文部大臣に就任している。

この荒木は文相就任早々《そうそう》、大学改革に意欲を示す。当時は大学内部の教官らが選挙によって大学総長や学部長を決めていた。荒木は、総長や学部長の任命大権を輔弼《ほひつ》する（天皇を補佐して実行する）立場から、選挙によるやり方に異《い》を唱えたのである。

時を同じくして、伝染病研究の第一人者である東大総長長与又郎《ながよまたろう》が健康上の理由から総長を引退することになり、東大は政府からの圧力により、新総長の「推薦」を政府に対して行なう必要が出てきた。

その後東大では、推薦とは名ばかりの本質的に従来と変わらぬ選挙を行ない、元東大法学部長山田三良《やまださぶろう》、東大農学部長佐藤寛次《さとうかんじ》、そして同年三月末で東大教授を退官していた平賀譲の3人から山田を選出し、総長として文部省に推薦した。

しかし、詳細は不明ながら、文部省では東大推薦の山田を拒否する。東京大学百年史編集委員会編『東京大学百年史 通史二』によれば、東大の推薦方式に文部省が不満だったとか、文部省が平賀の推薦を強く希望したとか、その理由をあいまいに記述している。

結果、再び推薦人の選出が行なわれ、東大は平賀を推薦する。ちなみに推薦人の選出方法は1回目と変わりがなかったことから、東大の手順に文部省が不満だったとは考えにくい。やはり、政府は軍部出身である平賀の就任を強く求めていたのかもしれない。

東大の分裂と平賀粛学《しゅくがく》

一九三八（昭和十三）年十二月二十日、平賀譲は第13代東大総長に就任する。平賀新総長にとっての懸案《けんあん》は、長与前総長時代から問題となっていた経済学部教授河合栄治郎《かわいえいじろう》の処遇である。

大内に続き、今度は河合の学説が反国家的だと国家主義者から圧力がかかり、内務省（戦後に解体、現・総務省）では河合の著作を発禁処分にしたうえで、河合の処分を東大に求めていた。これもまた大学の自治に関する問題である。

東大経済学部では、軍部に近い土方成美《ひじかたせいび》教授グループ、マルクス主義シンパの大内兵衛教授グループ、自由主義の河合栄治郎教授グループの3派が勢力争いをしていた。当初は河合が土方と結託してマルクス主義シンパを圧倒していたものの、一九三一年の満州事変以後、土方が軍部寄りの態度を明確にするにつれ、河合と大内が結託するようになる。さらに土方と大内が結びついて河合派を圧迫するなど、レベルの低い縄張《なわば》り争いを繰《く》り広げていた。

ちなみに、土方成美は、宮崎正義が日満財政経済研究会を設立する際に、委員会の人選などで協力している。東大経済学部助手古賀英正《こがひでまさ》は、土方の紹介で研究会メンバーになったひとりで、宮崎の右腕として活躍する。古賀は、のちに南條範夫《なんじようのりお》のペンネームで直木賞受賞作家になった人物だ。

それはともかく、平賀は、総長就任の際に後《うし》ろ盾《だて》となった法学部長田中耕太郎《たなかこうたろう》のすすめもあって、単に河合のみを処断するのではなく、長期にわたる経済学部の紛争を理由に、土方も処分することにした。そして、学部長会議の席で「総長が最後の決定を担う」という一任を取りつけ、文部大臣に対して両教授の休職を具状《ぐじよう》するのであった。具状とは状況をつまびらかにして上申することで、総長の具状を受け取った文部大臣は、具状の内容をそのまま発令するのが慣例だった。

結果、河合と土方は休職となる。さらにこれを不服とした経済学部の教官19人のうち土方・河合グループの13人がいっせいに辞表を提出した。しかし、のちに多くの教官が辞表を撤回して経済学部の紛争は終結する。これが世に言う「平賀粛学」である。

この平賀粛学に反発したのが、東大の軍国主義化に徹底して抵抗した南原繁《なんばらしげる》法学部教授である。学部内の人事権を持つ経済学部教授会はおろか、大学の最高意思決定機関である評議会も飛ばした粛学は、大学の自治を損《そこ》なう行為だとして、南原は平賀を非難した。
平賀の自宅を訪ねた南原は「あなたの苦衷《くちゅう》はよくわかる。しかし、ここまできた以上、覆水盆《ふくすいぼん》に返らず、ほんとうに大学のためを思うならば、あなたは総長を辞職しなさい」（丸山真男《まるやままさお》・福田歓一《ふくだかんいち》編『聞き書南原繁回顧録』）とまで忠告したという。

しかし、平賀は南原の忠告に耳を傾《かたむ》けず、総長の職を全《まっと》うする。そして前述の通り、平賀は一九三九年から2回にわたる工学部生の臨時増員の実施、さらには第二工学部の創設と、宮崎ら日満財政経済研究会のプランを下敷《したじ》きにするかのように工学部を拡充する。

もっとも、南原繁・大内兵衛の両名は、やがて第二工学部の存廃《そんぱい》に大きな影響をおよぼすのだが、それは第五章で後述することになる。ここでは、第二工学部の新設を断行した平賀の姿勢が、平賀粛学の際に取った平賀の姿勢と見事に重複する点について述べておくべきだろう。

第二工学部の設立が許可

東大第二工学部成立の発端が、一九四一（昭和十六）年一月二十六日の海軍から平賀に対する大学在学年限短縮の相談だったこと、さらにその後の同月三十日に企画院で緊急会議が開催され、早くも二月初旬には追加予算の成立を見たことなどは、すでに述べた。

実はこの間、平賀は第二工学部新設という東大にとっては大きな問題を、大学の最高意思決定機関である評議会に諮《はか》ることなく進めている。平賀がようやく、第二工学部の新設を評議会に報告したのは、予算成立後の二月十四日である。この席で、平賀は事後承諾を取るため、次のように述べた。

「本第二工学部の設立は本学としては重要なる問題にして評議会に諮りたる上《うえ》にと存じたるも予測し難《がた》き事情もあり、本学か《ママ》国家の為《ため》に尽《つく》す所以《ゆえん》なるを信じ対処し来《きた》れり、手続上欠くるところありたるも此《こ》の際《さい》承認願《ねが》ひ度《た》き」（東京大学百年史編集委員会編『東京大学百年史　通史二』）

平賀の経緯説明に対して、評議会の記録には「評議員一同は異議なく承認した」とある。平賀としては、以前に東大として第二工学部新設案を文部省に提案した実績もあることから、学内での調整手続きを省《はぶ》いたとも考えられよう。しかし、何が「予測し難き事情」なのかは判然としないままである。

評議会を素通りした決議は、平賀自身が言うように手続上大いに問題があったと言わざるを得ない。これは平賀が平賀粛学の際に取った、独断による文部省への具状と軌《き》を一《いつ》にする。『東京大学百年史』も言うように、「学部の新設をめぐる経過としては極《きわ》めて異例」なものだった。南原などが「異議なく承認」したのは奇妙な話である。

のちに平賀は、第二工学部設置の意義をこのように語っている。

「茲《ここ》に見るところあり東京帝国大学に於《おい》ては千葉市に十数万坪の土地を定め其《そ》の全力を傾《けい》注《ちゅう》して新に既存工学部に勝《まさ》る規模の施設を作り之《これ》を第二工学部とし、以《もっ》て国家必需の人材の増加養成を図《はか》り依《より》て以て国家の要望に応《こた》へんとするものなり、この計画にして実現せば、今後三年にして毎年有為《ゆうい》の人材四百二十名を国家に捧《ささ》ぐるを得て、以て大東亜《だいとうあ》建設の聖業《せいぎよう》に参加せしむるを得るものといふべし」（『東京大学百年史　通史二』）

平賀が言う「国家必需」「国家の要望」「大東亜建設の聖業」などの言葉は、当時の時局を考えると、独断による第二工学部の新設について、評議会のメンバーを説得するのに有効に働いたのであろう。

宮崎らのプランに沿うと言ってもよい東大第二学部の成立には、明らかに時代の要請があった。しかし、以上の経緯を見るにつけ、「不譲」と呼ばれた平賀の辣腕がなければ、東大第二工学部の成立は困難だった――このように考えても間違いではなかろう。

第二章

第二工学部の開学

設立準備と計画案

前章では、東大第二工学部設立の背景と設立に至る経緯について見てきた。本章では、追加予算決定後、どのようにして開学へ至ったのかをたどるのだが、その前にもう一度、時系列で経過を整理しておく。

一九四一（昭和十六）年

一月二十六日　東大総長平賀譲が海軍に第二工学部設立を提案。

一月三十日　企画院で緊急会議。

二月初旬　追加予算成立。

二月十四日　平賀総長が評議会で第二工学部設立を報告。

この二月十四日の評議会で学内のコンセンサスが取れると、平賀は工学部長丹羽重光《にわしげてる》に対して、第二工学部設立に必要な事項を検討するよう命じている。

丹羽は一八八一（明治十四）年生まれで、機械工学科を卒業し、一九二三（大正十二）

年に母校東大の教授になっている。一九三八年から工学部長を務め、一九四二年三月に東大を退官する。その後に藤原工業大学の後身である慶應義塾大学工学部に移り、戦後は工学部長として同学部の復興に汗を流す人物である。

丹羽は平賀の命《めい》を受け、二月十九日に長老の教授を招集して非公式協議会を開催した。討議内容は、創設する工学部と現工学部との関係、教官の選定方法、建築および設備、入学者選抜方法、学課課程および時間割作成の基本方針などについてである。

また、同月には、平賀総長を会長とした第二工学部設立準備委員会を東大内に設置する。こちらは、第二工学部設立に必要な準備項目を調査審議する公的機関である。

さらに、準備委員会の付属組織として専門事項を調査審議する専門委員会も設置した。こちらには丹羽重光を委員長、また電気工学科教授瀬藤《せとう》象二《しょうじ》を副委員長に、各学科から委員を選んで会を構成した。加えて、第二工学部の教授および助教授の人事を調査する人事調査委員会の成立も見た。

三月十四日の設立準備委員会では、平賀総長より、第二工学部設立の経過説明のあと、設置場所に関する報告があった。当初、敷地候補は中央線沿線および総武線沿線に7ケ所あったが、そのうち4ケ所は適切でないことが判明する。さらに残り3ケ所のうち1ケ所は陸軍が買収したので、残る2ケ所のうちいずれかを考慮中だ、と平賀は報告した。

また、設備費は総額580万円で、建物は1万8000坪ながら建設費高騰のため、当初予定の4分の3に相当する1万3500坪を見込むとした。さらに、設置講座数は最終的に69講座とするものの、第一年度は33講座の開設を目指す。加えて平賀は、第二工学部長予定者として、専門委員会副委員長で電気工学科教授の瀬藤象二を紹介した。

第二工学部の設置を指導したのは東大総長平賀譲である。しかし、〝実施部隊〟の先頭に立ったのはこの瀬藤象二(写真2)である。

初代学部長・瀬藤《せとう》 象二《しようじ》

瀬藤は一八九一(明治二十四)年三月十八日、和歌山の呉服屋《ごふくや》の三男に生まれた。第一高等学校から東京帝国大学工科大学電気工学科に入学し、一九一五(大正四)年、首席で卒業した秀才である。当時の電気工学科には、歌人与謝野晶子《よさのあきこ》の実兄である鳳秀太郎《ほうひでたろう》教授が在職していた。瀬藤は、鳳のすすめにより講師として母校に残ることになる。

東大工科大学の助教授になった瀬藤は一九二三年、強電流《きようでんりゆう》（電気工学）研究のためドイツのベルリン大学に留学する。帰国後の一九二五年に東大教授に昇進し、理化学研究所（略称・理研）の主任研究員にも就いた。

この理研で瀬藤はアルミニウムの陽極《ようきよく》酸化《さんか》皮膜《ひまく》であるアルマイトを共同発明している。

また、一九三一（昭和六）年にベルリン工科大学のエルンスト・ルスカらが電子顕微鏡を

写真2 瀬藤《せとう》象二《しようじ》

1891（明治24）～1977（昭和52）年。東京帝大電気工学科を首席卒業。同大教授を経て、第二工学部初代学部長、東大生産技術研究所初代所長、東京芝浦電気（現・東芝）専務を歴任。紫綬褒章、文化勲章を受章。写真は文化勲章受章時

（『瀬藤象二先生の業績と追憶』より）

開発するのだが（この功績でルスカはノーベル物理学賞をのちに受賞）、瀬藤は電子顕微鏡の重要性を早くから見抜き、一九三九年に電子顕微鏡の研究と開発を目的とした委員会を日本学術振興会に設け、委員長に就任している。

瀬藤は諸外国から情報が入らない状態で、独自の見地から電子顕微鏡の開発を進めた。そして戦後10年を経て、日本の電子顕微鏡は重要な輸出品となるのだが、これは戦時中に研究を推進した瀬藤に与《あずか》るところが大きい。このため、一九七三年に瀬藤は文化勲章受章の栄誉に浴《よく》している。

少々話が先走《さきばし》ってしまったが、瀬藤は第二工学部設立当時が満51歳と脂が乗りきっている。大任を担うにはうってつけだったと言えよう。なお、丹羽重光が工学部長を担当しなかったのは、一九四二年三月に東大からの退官が予定されていたからであろう。

瀬藤にとって、たった1年間で新たな学部を創り出すということは、我々が想像する以上に精神と体力を消耗する作業だったに違いない。

まずは土地問題である。翌年四月の講義開始がすでに決まっており、建築には直《ただ》ちに着手する必要がある。

実は幸《さいわ》いなことに、千葉県および市では、東大第二工学部の創設を耳にするや、千葉県知事が上京して陳情するほど、第二工学部の誘致に意欲的だった。同県および市では、千葉市弥生《やよい》町などに約15万坪の土地を確保し、そのうえで土地2万5000坪の寄付や交通の改善、水道ガスの整備、職員および学生宿舎の建設など、数多くの便宜《べんぎ》を図《はか》ることを約《やく》した。今も昔も、大学の誘致は自治体にとって〝欲しい〟案件なのだろう。ましてや東大ブランドならば、なおさらに違いない。

こうして、東大では千葉市街地の北方にある敷地を買収することに決定する。近くの検《け》見川《みがわ》町に東大所有の土地40万坪があり、総合運動場と学生宿舎を建築中だったことも、選択する決め手のひとつになったようだ。

一九四一年八月十三日には、現地にて地鎮祭《じちんさい》があった。しかしながら、開会式直前に豪雨となり、平賀総長の鍬《くわ》入《い》れ式《しき》は雨足が遠のくまで待機しなければならなかったという。このため『東京大学第二工学部史』では「前途の多難を思わせた」と、どこか思わせぶりに記している。

緊迫する時局と大学生の在学年限短縮

一九四一（昭和十六）年十月、第二工学部設立準備中に降って湧《わ》いたように起こった、大学生の在学年限短縮の勅令《ちょくれい》（天皇が発した法的効力のある命令）も平賀や瀬藤らを悩ませたに違いない。

文部省では勅令にもとづき、一九四一年度の大学学部卒業者（一九四二年三月卒業予定）を3ケ月間短縮して、一九四一年十二月に卒業させることにしたのである。また、一九四二年四月入学者は、同年九月末をもって第一学年を終了し、十月から二年生に進学することも決まった。

したがって、一九四二年四月に入学する第二工学部一期生は一九四四年九月の卒業となり、在学は2年半となる。この結果、一九四二年度は十月にもう一度入学式が行なわれた。もっとも、これらの措置は第二工学部のみを対象としたものではなく、師範学校（教員養成のための学校）を除くすべての高等教育機関を対象としたものである。

そもそも、平賀は学生の在学年数の短縮に反対して、第二工学部創設を海軍に提案した経緯がある。これが簡単に覆《くつがえ》されてしまった格好だ。これは、裏返せば日本を取り巻く時局がそれほど緊迫していた証拠と言えよう。

一九三九年五月、モンゴルと満州の国境で日本軍はソ連軍と大規模な軍事衝突を起こす。ノモンハン事件である。この衝突で日本軍は大敗を喫《きっ》するのだが、これが大きな契機となり、日本は南進政策を採ることになる。しかし、南方の資源を確保しようとすると米英との衝突は避《さ》けられない。

同年七月、アメリカは日米通商航海条約の破棄を通告してきた。これは中国などにおける日本の活動に対して、アメリカの非難を態度で示したものと言える。それでも、日本は強硬に南進政策を進め、翌一九四〇年九月にはフランス領インドシナ（現・ベトナム、ラオス、カンボジア）への進駐を強行するとともに、米英に対抗してドイツやイタリアと日独伊三国同盟を締結した。

国内では同年十月、大政翼賛会《たいせいよくさんかい》（各政党が解党して参加した政治組織。トップである総裁は首相が就任）が成立して、日本の進むべき道は完全に軍部主導となった。

一九四一年、日米の関係改善を目指すべく、駐米大使野村吉三郎《のむらきちさぶろう》と国務長官コーデル・ハルが交渉を行なうも、話はまとまらない。同年七月にはアメリカより在米日本資産凍結が宣言されて、イギリスやオランダも追随する。さらに八月、アメリカは対日石油輸出停止を宣言し、いわゆるＡＢＣＤ包囲網（アメリカ・イギリス・中国・オランダ）のなか、島国日本は物資やエネルギー源を断《た》たれ、ますます資源を求めて南方に進出しなければならなくなる。

年限短縮の要請があった十月には東條英機《とうじょうひでき》（陸軍大将に進級）内閣が成立し、やがてアメリカとの関係は修復不可能となる。そして運命の十二月八日、日本軍はパールハーバーを空襲して太平洋戦争に突入した。第二工学部の開設は、まさに日本が戦争への坂道を転《ころ》げ落ちるのと同時期だったのである。

日米開戦が現実味を帯《お》びてくるなか、第二工学部の建設工事は突貫で進んだ。当初はコンクリート造を予定していたものの、時局柄セメントや鋼材が払底《ふってい》しており、木造2階建《だ》て以下の建築物となる。

建築物の内訳《うちわけ》は中央事務室や講堂など建物４１４０坪、これに学生ひとりあたりの必要面積を11坪と見積もって、第二工学部の学生定員１２６０人を掛けると、１万３８６０坪になる。両者を合わせると、これで前述の通り計１万８０００坪となる。ただし、開学当初の目標はその4分の3で、1万3500坪を目指すことに変わりはない。

また、前述したように建築資材は陸軍と海軍が折半《せっぱん》して提供する約束になっていた。しかし、その資材が手に入らず思う通りには工事が進まない。

瀬藤は、大蔵省はもとより陸軍であろうと海軍であろうと単身乗り込んで行き、理詰めで正論を開陳して、資材の供給を要請した。これには、対応した担当者も困ったようだ。やがて「学部長が先頭に立ってくるのだけはやめてもらえないか」と、陸海軍の担当者から事務のほうに申し入れがあったほどだという。

入試方法と講義内容

入学者の選抜方法も重要な検討課題だった。というのも、第一工学部および第二工学部の学生の質《しつ》をできるだけ均等にするのが基本方針だからだ。東大ではこの基本方針にしたがい、次のような基準を取り決めた。

まず、入学試験については両学部とも同時に行ない、そのうえで両学部の定員数を満たす学生を上位から選抜し、両学部に分配する。もちろん、学生はいずれかの学部を選ぶことはできない。

また、これはのちに決まることなのだが、学生の素質がなるべく均等になるような振り分け方法を2種類考案して、クジで選んだいっぽうを用いて配分する方法を採用した。残念ながら、具体的な配分方法はつまびらかではない。一説によると、高等な方程式を用いて配分を決定したという。

また、開学当初の講座数も決める必要があった。前述したように最終的な講座数は69講座を目標とするものの、初年度は3学年を収容するわけではないので33講座からスタートすることになった。当初の講座は次の通りである（カッコ内は講座数）。

土木工学（3）、機械工学（3）、船舶工学（2）、航空機体学（2）、航空原動機学（2）、造兵学（2）、電気工学（3）、建築学（3）、応用化学（3）、冶金学（2）、応用力学（2）、応用数学（1）、応用物理学（2）、応用電気工学（1）、工業分析化学（2）。

以上で合計33講座になる。土木工学から冶金学までが専門講座、つまり各学科に所属する講座であり、残る応用力学・応用数学・応用物理学・応用電気工学・工業分析化学は共通講座、すなわち学科に関係のない全学部生に共通の講座となる。

ただし、これらの33講座が講義科目（授業）の数を示しているわけではない。この33講座のもとに講義科目を構成する。個々の講義科目には重複しない番号を振ることで識別が容易になっている。

第二工学部では便宜上、共通講座の講義科目を100番台とし、以下、土木工学科所属科目を200番台、機械工学科所属科目を300番台……応用化学科所属科目を1000番台、冶金学科所属科目を1100番台として、各講義科目を分類特定できるようにしている。

たとえば、航空機体学科所属の講義科目は500番台で、一九四二（昭和十七）年十月の講義科目は501から532までとなっている。「501 航空機構造力学」「502 空気力学第一」「503 航空機力学第二」「510 航空機製図第二」「520 航空機弾性学」といった具合だ。

ちなみに、番号は途中で飛んでおり、航空機体学科は15講義科目となっている。番号が途中で飛んでいるのは他の学科所属の講義科目も同様である。

千葉には行きたくない⁉

講座や講義科目と密接に関係するのが担当教官だろう。第二工学部の創設にあたり、教官の任命が問題になったことは想像に難《かた》くない。

第二工学部創設前の工学部長だった丹羽重光は「自分は第二工学部へ行くゆえ他の人も一緒に来い」という態度で臨《のぞ》むよう各学科教官に要請したと、大山達雄《おおやまたつお》・前田正史《まえだまさふみ》編『東京大学第二工学部の光芒』は書いている。

第二工学部長の就任が決まっていた瀬藤は、丹羽の言葉通りの態度を取っている。瀬藤が在籍する電気工学科では、教授の年齢順位にもとづいて、上から順に一工《いちこう》、二工《にこう》と教官を平等に振り分けたという。しかし、口にこそ出さないものの、わざわざ本郷のアカデミックな雰囲気から離れて千葉くんだりまで行きたくない、と考えた教官もいただろう。

実際、第二工学部開学時の教授・助教授の顔ぶれを見ると、このことが正しいように思える。先の『東京大学第二工学部の光芒』では、第一工学部と第二工学部の教官配分の比較を行なっていて興味深い。

この比較では、第二工学部開学時における両学部の教授・助教授の数を示すとともに、そのうち何人が既存の東大工学部の教官だったかを示している。これによると、既存の工学部教官である割合は第一工学部が80％以上、これに対して第二工学部は40％程度でしかない。この結果を見るにつけ、やはり「本郷を離れたくない」という教官が多かったと思わざるを得ない。

また、別の資料によると、たとえば土木学科の場合、本郷にいた教授陣はひとりとして第二工学部の教授になっていない。第二工学部に移籍したのは当時助教授で橋梁工学《きょうりょうこうがく》を専門にした福田武雄《ふくだたけお》である。当時40歳の福田が主任教授となって、他の教官の選定にあたっている。本郷の土木工学科教授はよほど第二工学部に行きたくなかったのだろうか。

もっとも、若手とはいえ福田の実力は非常に高かった。すでに福田は、東京日本橋川《にほんばしがわ》の豊海橋《とよみばし》や新潟県信濃川《しなのがわ》の萬代橋《ばんだいばし》を設計した実績を持っていた。なかでも美しい外観を持つ萬代橋は二〇〇二（平成十四）年に土木遺産の認定を受け、二〇〇四年には国の重要文化財に指定されている。

教官の選定を一任された福田は、第二工学部土木工学科に実務経験者を積極的に招くことにした。たとえば、鉄道省（のちに運輸省、国鉄を経て現・JR各社）下関《しものせき》改良事務所長から土木工学科教授に就任した釘宮磐《くぎみやばん》は実務経験30年、前・東京市水道局給水課長の岩崎《いわさき》富久《とみひさ》は29年、また一九四二（昭和十七）年十月からの就任だが、前・東京市港湾部長の森《もり》田三郎《たさぶろう》は27年の実務経験を持っていた。

第二工学部の特徴

土木工学科に象徴される教官の配分は、第二工学部の学風を際立《きわだ》たせることになった。というのも、東大工学部出身教官の年齢が比較的若く（年配者ほど本郷を離れたくなく、またそれを押し通す権限を持っていただろう）、しかも外部からは民間企業などで実務を経験した多様な人材が集まる結果になったからである。

実際、第二工学部出身者の声に耳を傾けると、右と同様の感想が聞こえてくる。たとえば、第二工学部航空機体学科を一期生として一九四四（昭和十九）年に卒業し、戦後は日本航空に入社して航空本部長や技術部長などを務める平沢秀雄《ひらさわひでお》は次のように述べている。

「航空機体学科教室主任は谷一郎《たにいちろう》教授で、新進気鋭《しんしんきえい》の実力派。その他の教官も若く、本郷の第一工学部の陣容とは異なる清新さが感じられたし、第一に対抗して新天地で自分たちの考える教育をやろうという、強い意気込みが感じられた」（第二工学部記念誌編集委員会編『未来に語り継ぐメッセージ』。第二工学部卒業者の回想は以下、断わりがない限り同誌の引用）

谷一郎は第二工学部開学当時まだ35歳の助教授である。若手ながら空気力学を専門とし、飛行機の翼《つばさ》の周囲に発生する乱気流の研究で著名だった。この谷助教授が航空機体学科の主任教授を務めるのだから、「清新さ」を感じられたのももっともだろう。谷が教授に就くのは第二工学部開学後の一九四三年である。

そもそも、第二工学部に赴任した教官の合言葉は、「日本一の工学部を建設・育成していく」であった。これは初代学部長瀬藤象二が常に口にしたスローガンだったという。開学7ケ月後に機械工学科助教授に就任した鈴木弘《すずきひろむ》は、次のように記す。

「教官陣も本郷の教授・助教授中の新進気鋭の方々が移籍され、企業の研究機関からの転籍者も大学での研究・教育への転針《ママ》に理想に燃え、また鈴木（弘）のような大学卒業後三年にも満たない助教授が大勢新任されたこともあって、理想の大学を目指すことへの違和感はほとんどなかった」(「生産研究」48巻9号)

このような教官の意気込みが平沢たち学生たちにも伝わったのだろう。ちなみに、右のように語る鈴木は海軍技術士官の出身で、製鉄産業の基幹技術にあたる金属塑性《そせい》加工学を専門にした。のちに鈴木は第二工学部の後身である生産技術研究所の第10代所長を務め学士院賞を受賞し、文化功労者にも選ばれている。

多彩で多才な教授陣

では、ほかにどのような教官が第二工学部の教壇に立つことになったのか。全員を紹介するのは困難だが、その顔ぶれの一部について触れておく。

内田《うちだ》祥三《よしかず》:建築学科教授。一八八五(明治十八)年生まれ。東大建築学科から三菱の地所部に入社し、当時「一丁倫敦《いっちょうロンドン》」と呼ばれた丸の内街のビジネスビル建設などに従事する。その後、大学に戻り一九二一(大正十)年に教授となる。東大安田講堂の基本設計を担当した。一九四三（昭和十八）〜一九四五年には東大総長に就いた。
前川國男《まえかわくにお》：建築学科外来講師。一九〇五（明治三十八）年生まれ。一九二八（昭和三）年に東大建築学科を卒業し、ル・コルビュジエのアトリエに入所する。2年間の留学後、帰国してアントニン・レーモンドの設計事務所に入る。しかし、レーモンドと衝突後独立して前川國男建築設計事務所を設立する。同事務所にはのちに丹下健三《たんげけんぞう》が在籍した。
兼重寛九郎《かねしげかんくろう》：機械工学科教授。一八九九（明治三十二）年生まれ。第二工学部設立時に教授に昇進する。のちに第2代東大生産技術研究所長を務める。熱工学や水力機械を専門にする。原子力委員も務め、原子力の平和利用で重要な役割を果たした。ほかにも日本学術会議会長など様々な要職に就いた。
糸川英夫《いとかわひでお》：航空機体学科助教授。一九三五（昭和十）年に東大工学部航空学科を卒業後、中島飛行機に入社し、ここで陸軍一式《いつしき》戦闘機「隼《はやぶさ》」などの著名戦闘機の設計にかかわる。戦後は東大生産技術研究所の教授としてペンシルロケットの発射実験を行なうなど、日本の宇宙開発に深くかかわった。
実吉金郎《さねよしかねお》：航空原動機学科教授。海軍技術研究所出身。航空機用レシプロエンジン九《きゅう》一式《いちしき》500馬力発動機開発の中心となった人物として著名である。このエンジンは艦上攻撃機や水上偵察機に広く用いられた。

高月龍男《たかつきたつお》：航空原動機学科助教授。陸軍航空本部出身。高月式の超希薄層状燃焼方式《ちょうきはくそうじょうねんしょう》のエンジンを開発した。このエンジンは「航空研究所試作長距離機（略称・航研機）」に搭載され、一九四一（昭和十六）年に、関東平野上空周回飛行で1万1000㎞余りの無着陸飛行に成功している。高月の講義はいつも超満員で立ち見が出るほどだった。

星合正治《ほしあいまさはる》：電気工学科教授。一八九八（明治三十一）年生まれ。電気学会に設けられた在学研究員制度の最初の研究員に選ばれて欧米に留学し、約1年間、電子工学の研究を行なう。一九三五（昭和十）年に工学部教授に昇進した。第二工学部設立の際には、瀬藤象二の右腕として働く。のちに第3代東大生産技術研究所長に就任した。

高木昇《たかぎのぼる》：電気工学科教授。一九〇八（明治四十一）年生まれ。電気通信分野を専門にする。東大内で宇宙観測のリーダーシップを執《と》り、のちに東大宇宙航空研究所の初代所長や科学技術庁宇宙開発推進本部長、東京工科大学学長などの要職を歴任した。

沼田政矩《ぬまたまさのり》：土木工学科教授。一八九四（明治二十七）年生まれ。鉄道技術研究所長を経

て、第二工学部土木工学科の教授に就任。鉄道工学を専門とした。土木学会の会長にも就任した。

石川栄耀《いしかわひであき》：土木工学科外来講師。第二工学部講師時は東京都技師で、のちに東京都計画課長などを歴任する。都市における盛《さか》り場《ば》を研究し、新宿歌舞伎《かぶき》町の生みの親および命名者でもある。落語を思わせる洒脱な語り口が学生の人気だった。

平田森三《ひらたもりぞう》：一般共通科教授。東京帝大物理学部物理学科卒。理化学研究所に入所して寺《てら》田寅彦《だとらひこ》の指導を仰《あお》ぐ。東大助教授を経て、第二工学部設立時に教授に昇進する。決戦兵器と言われた熱誘導爆弾の開発に参加する。広島で被爆し、命はとりとめるも東大退官直後の一九六六（昭和四十一）年、白血病で死去する。

渡辺慧《わたなべさとし》：一般共通科助教授。理論物理学者。政府留学生としてフランスに留学し、第二次世界大戦勃発後、ドイツから日本に戻る。理化学研究所に勤務したあと、第二工学部の助教授に就任した。終戦後まもなくしてアメリカに渡り、イェール大学などの教授を歴任する。渡辺の渡米は、戦後最初の頭脳流出と言われた。

第二工学部の開学

一九四二（昭和十七）年三月二十五日、「官報《かんぽう》」（第四五六〇号）には次の勅令が掲載され、東京帝国大学第一工学部と第二工学が正式に誕生した。

朕《ちん》大正八年勅令第十三号帝国大学及《および》其《そ》の学部に関する件中改正の件を裁可《さいか》し茲《ここ》に之《これ》を公布せしむ

御名《ぎょめい》　御璽《ぎょじ》

昭和十七年三月二十四日

　内閣総理大臣　東條英機

文部大臣　橋田邦彦《はしだくにひこ》

勅令第二百十五号

大正八年勅令第十三号中左《ひだり》の通《とおり》改正す

東京帝国大学の部中「工学部」を「第一工学部　第二工学部」に改《あらた》む

附則
本令《ほんれい》は昭和十七年四月一日より之を施行す

なかでも、右の引用で、「第一工学部　第二工学部」の部分は注目に値《あたい》する。というのも、「官報」では第一工学部、第二工学部の順で明記するのではなく、両者を並列で記述しているからだ。これは両学部が同等であり、けっして第二工学部が第一工学部よりも劣るものではないことを強調していると考えてよいだろう。

当時の日本の状況は、太平洋戦争開戦後、日本の連合艦隊は勝利に次ぐ勝利だった。また開戦後まもない一九四一年十二月十六日には、排水量6万4000t・全長263m・幅39mの世界一の巨大戦艦「大和《やまと》」が竣工《しゅんこう》した。

東大総長平賀譲にとっても、喜びはひとしおだったに違いない。というのも、反平賀派によって海軍を追い出された格好になっていた平賀は、大和の建造に参加していたからである。一九三四年三月、反平賀派の設計ミスにより水雷艇「友鶴《ともづる》」が転覆《てんぷく》する事故が起き、この事件をきっかけに平賀は嘱託《しょくたく》として海軍に復職し、大和の設計には東大総長のかたわら、かかわっていたのである。

もちろん、呉工廠《くれこうしょう》における大和の進水式には平賀自身も立ち会い、我が子の旅立ちを見守るようにその雄姿を見つめた。これが海軍における平賀の最後の大仕事だったと言ってよいだろう。

そして勅令にあるように、第二工学部は一九四二年四月一日、いよいよ開学の運びとなった。大和に続いて、第二工学部というそいわば巨艦も進水したわけだ。つまり、平賀は連続して、自《みずか》らの手によって実現させたこれら2隻の船出をその目にしたのである。さぞ感慨深かったに違いない。

第三章　講義内容と学生生活

狭き門から広き門へ

一九四二（昭和十七）年度の東大第一工学部・第二工学部の入学試験は、同年二月二十六日と二十七日の2日間、本郷にて行なわれた。試験科目は物理学、数学、化学、図画、外国語の5科目だった。また、これ以外に身体検査があった。

もちろん東大は最難関であったが、工学部受験者には「春来たる」だった。というのも、例年難関だった工学部が、第二工学部の創設で定員が倍以上に膨《ふく》らんだからである。本年度の東大工学部志望者は909人で、前年に比べて240人余り増えた。しかし定員が339人から796人に増加したため、不合格者は100人余り出すだけである。

三月七日、第二工学部一期生の合格者が工学部事務室前に貼《は》り出された。合格枠は機械工学科60人、それ以外の学科が各40人だったが、ただし電気工学科が39人、建築学科が41人、冶金学科が41人で、計421人となった。この日の本郷は雨だったようだ。めでたく東大第二工学部冶金学科の一期生になった渡辺秀夫《わたなべひでお》はこのように書いている。

「昭和十七年三月七日、雨降る中で正門を入り、工学部事務室横の掲示板に合格者が発表された。私は、第二工学部の方《ほう》に自分の名を見つけたが、正直に云《い》うとがっかりした。そ

図表1　第二工学部の位置

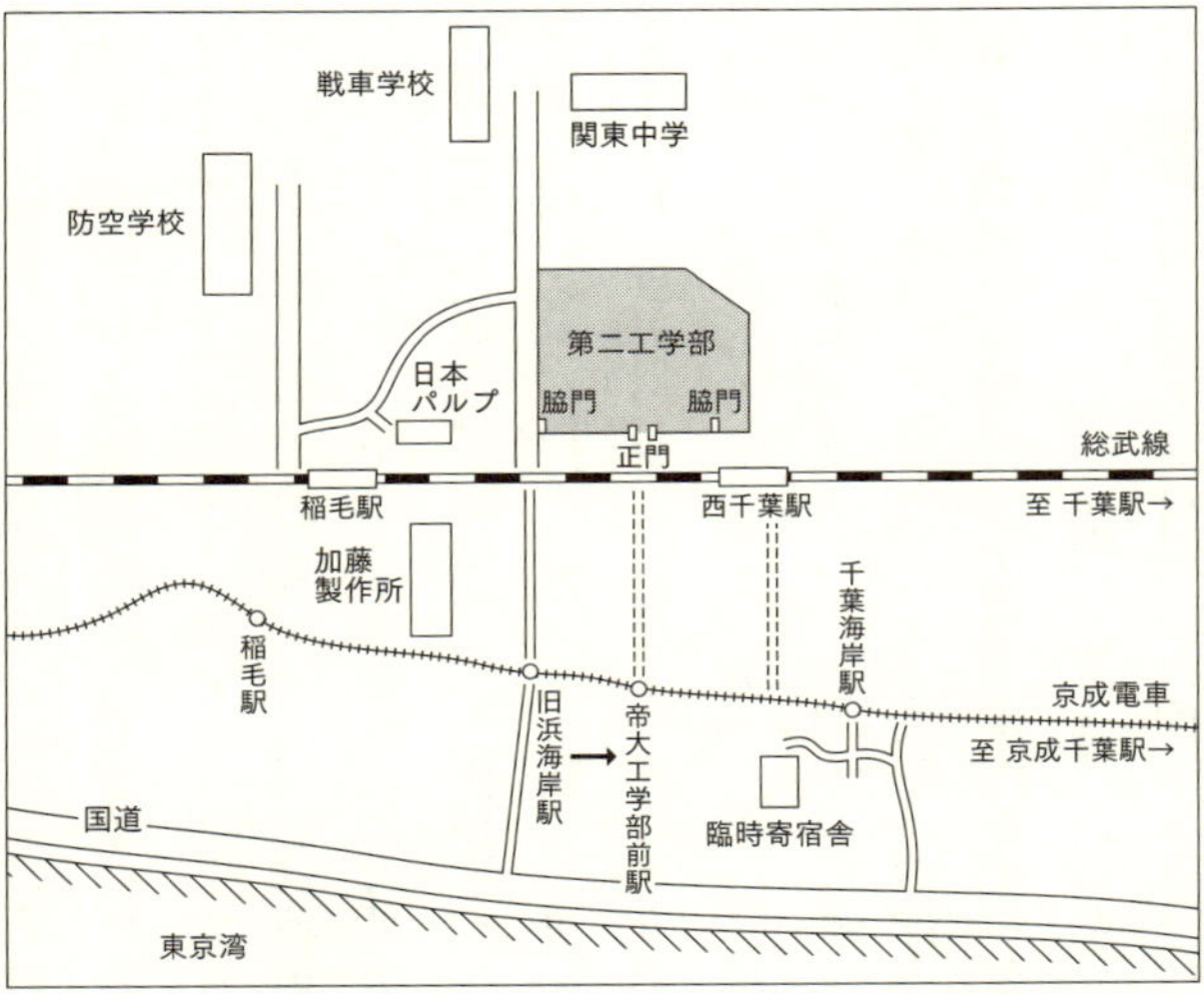

（『東京大学第二工学部史』より）

れは、私の住む所が山手線駒込《こまごめ》駅の近くで、自宅から学校迄《まで》、市電（都電）で十分位《くらい》の便利な所であったが、第二工学部は千葉に校舎が新設されたので通学には一時間位かかるからである。

正門赤門から校内に入ると伝統と格式のある校舎と雰囲気にあこがれていたが、新設の第二工学部は農地を整地して如何《いか》にも假設《かせつ》の木造バラックを思わせる風景に戸惑《とまど》いを感じたからである。初期の頃は、西千葉《にしちば》駅はなく、稲毛《いなげ》駅から田舎道を二十分位歩いて通った（図表1）」

東大に合格したとは思えないテンションの低い所感である。しかし渡辺の言葉には、第二工学部に合格したほぼ全学生に共通する「戸惑い」や「複雑な思い」が見事に表現されているようだ。ここではまず、渡辺が落胆した原因のひとつである「通学には一時間位かかる」および「假設の木造バラックを思わせる風景」に注目したい。

すでに述べたように第二工学部の敷地は千葉市街地の北方にあった。もっとも近い駅は京成電車（現・京成電鉄）の浜海岸《はまかいがん》駅で徒歩約5分である。しかし帝都からの場合、便利な総武線を用いると、最寄《もよ》り駅は稲毛駅で、東京の御茶《おちゃ》ノ水《みず》駅から約1時間10分かかる。

しかも、稲毛駅からは学部敷地までまともな道路がなく、教職員や学生は鉄道沿線のあぜ道を歩いて登校しなければならなかった。これに徒歩約20分を要した。渡辺のように本郷へ10分ほどで行ける学生にとってはショッキングな事実だったであろう。

もっとも、のちに千葉県では大学誘致時の約束通り、交通環境の整備を行ない、同年十月に第二工学部の敷地の千葉寄り、南門近くに総武線西千葉駅を新設した。

また、浜海岸駅は正門正面に続く道路に移動し、駅名も帝大工学部前駅（のちに工学部前駅、黒砂《くろすな》駅、現・みどり台《だい》駅）に改称になる。とはいえ、東京から通う学生の利便性にさして変わりはなかった。

粗末《そまつ》な環境で

第二工学部の敷地は総武線に沿うように横長に広がっていた。敷地中央に正門（写真3・上）を構《かま》え、稲毛駅寄りの西側には西門、西千葉駅寄りの南側には南門、さらに背面に裏門を設けた。

正門を入ると、敷地中央に中央事務室、講堂、食堂、中央講義室を配す。そのため、これらの施設が敷地を左右に二分する格好となる。いっぽう、二分された左右の敷地は、3×3の9ブロックに区画する。1ブロックは横50間《けん》（1間＝約1・8m）、縦60間の3000坪である。このブロックに各学科の建物を割り当てる。北側2ブロックと南側3ブロックは、運動場および緑地として建物は建築しない（図表2）。

1年にも満たない突貫工事の末、開学当初にようやく完成したのは、中央事務室（584坪）、講堂（286坪）、学生食堂（181坪）、機械第一棟（348坪）、土木第二棟（260坪）、船舶第一棟（260坪）、船舶第二棟（300坪）、これに機械第一棟などに付帯する共通講義室（94坪）で、合わせて7棟2313坪にしか過ぎなかった。これは当初目標にした1万3500坪のわずか17％、最終目標である1万8000坪を基準にすると13％という、誠に心細い数字である。

もちろん、開学後も校舎の建築は続いていた。しかも、いずれの建物もすでに触れたようにコンクリート造ではなく木造である（写真3・下）。先の渡辺は、これらの校舎がバラックに見えたわけだ。

外観だけでなく建物のなかも、お粗末だった。本郷の助教授から第二工学部土木工学科の主任教授になった福田武雄は次のように語っている。

「昭和17年4月、第二工学部が開学したときには、各学科とも木造2階建の建物が2棟ぐらいづつあるだけで、教官の居室には4本脚の机と椅子のほか何物もなく、書類やカバンなどは机の横の床の上に置いたぐらいである」（「生産研究」21巻5号）

加えて敷地内の道路は未整備で、風が吹くと砂がもうもうと舞い上がった。実験に必要な建物ばかりか、ガスや水道、排水の工事も未完成である。そのため、学科によっては本郷の設備を共用せざるを得ないという事態も発生した。

写真3 第二工学部の校舎

1942（昭和17）年開学時の正門（上）と木造2階建ての校舎が並ぶキャンパス（下）

（『東京帝国大学学術大観 総説 文学部』、『瀬藤象二先生の業績と追憶』より）

学生寮も整わず、当初は民間会社の好意により百数十人を収容できる「大洋荘《たいようそう》」を利用した。その後、八月になって学寮が完成し、ようやく約２８０人まで収容できるようになる。

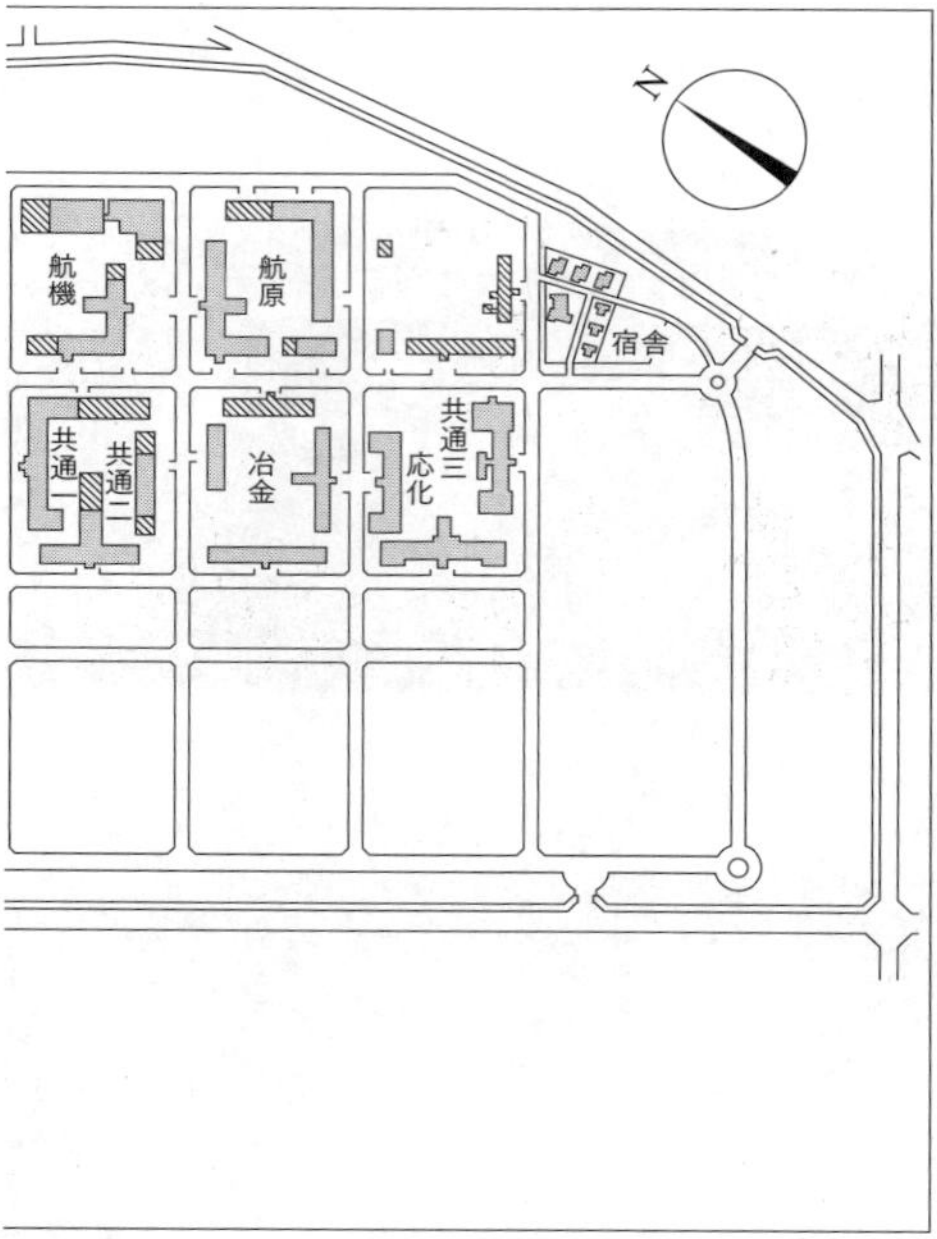

（『東京大学第二工学部史』より）

入学はしたけれど……

開学当初は右のような状況だった。だから、東大には受かったものの所属学部が第二工学部となり、先の渡辺と同じく「正直に云うとがっかりした」学生は大勢いた。

第二工学部建築学科に一期生として合格した梅《うめ》

図表2 第二工学部の校舎配置

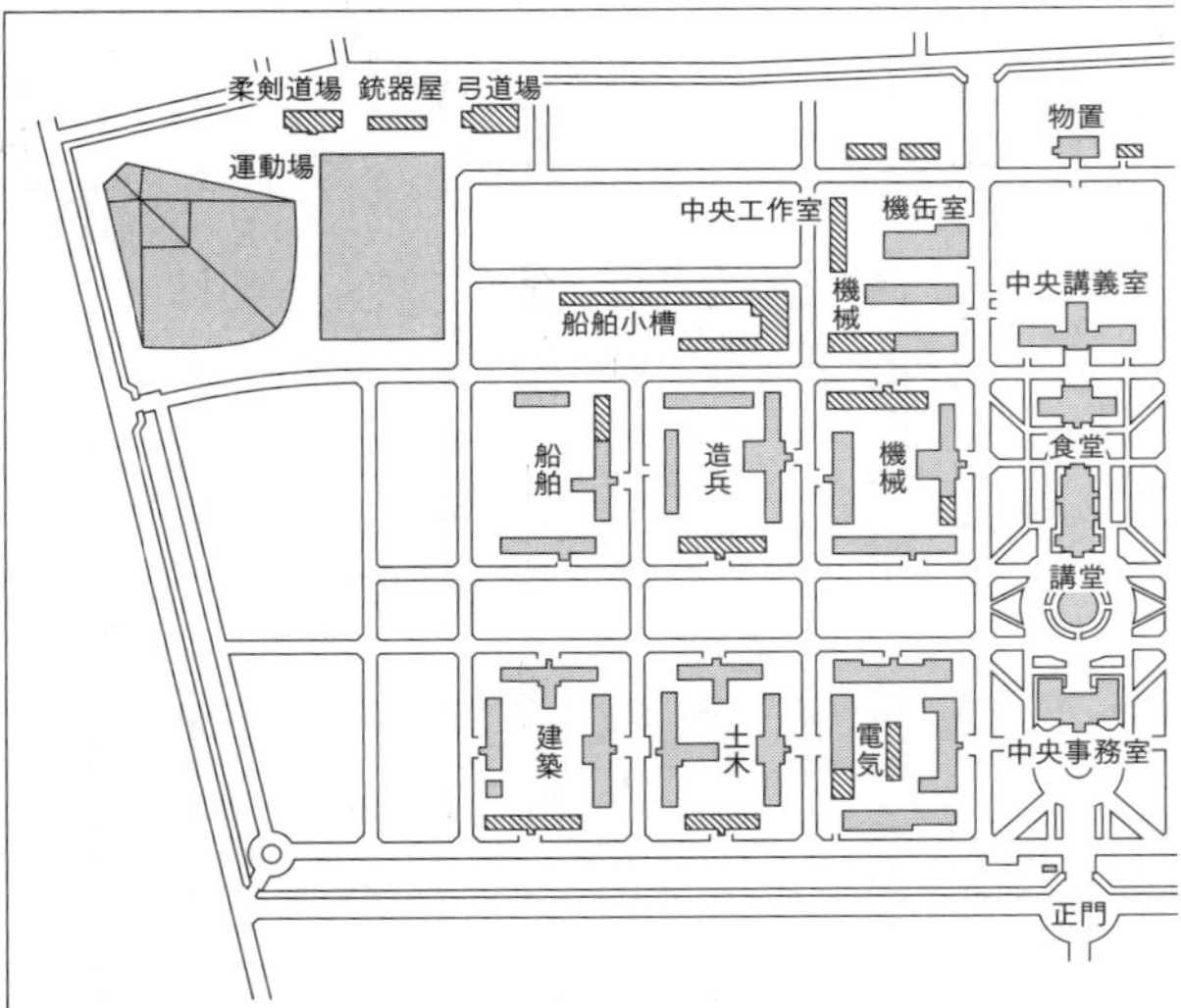

機械：機械工学科／船舶：船舶工学科／造兵：造兵学科／建築：建築学科／土木：土木工学科／電気：電気工学科／航機：航空機体学科／航原：航空原動機学科／共通：一般共通科目／冶金：冶金学科／応化：応用化学科　▧：実現しなかったもの

田《だ》健《けん》次《じ》郎《ろう》もそのひとりだった。梅田はのちに鹿島建設に入社して原子力担当副社長に就任する人物である。

「千葉に行ってみたら畑ばかり。がっかりしてね。しかも土木工学科の建物はできていたのに、建築学科の教室はできていなかった。だから僕らは土木の教室で勉強をしました。建築学科で最初に教室ができたのは製図確かに、梅田の言うように土木工学科の第二棟は完成していたが、建築学科の棟は未完成である。また梅田の言葉から、建築学科が土木工学科の棟を間借《まが》りしていたこともわかる。

船舶工学科に合格した竹下宗夫《たけしたむねお》も、「がっかり」という言葉は用いていないものの、複雑な心境をうかがわせる言葉を残している。

「大学の合格者発表は三月七日、配属が二工と決まったので入学前に千葉の稲毛駅に下車、建設中の学校を見に行った。その印象は話に聞く満州の大平原もかくやとばかり、全然樹木のない大草原の中にぽつぽつと校舎が建設中であった。開拓者が草原をかき分けて進む『草分け』とは正《まさ》にこの事かと実感した」

ちなみに竹下は、鹿児島の出身で車中2泊3日、72時間もかけて上京した人物だ。その竹下でさえ第二工学部の現状には驚いているわけだ。

最初に所感を引いた渡辺秀夫は「正門赤門から校内に入ると伝統と格式のある校舎と雰囲気にあこがれていた」と記したが、やはり東大と言えば赤門、それに赤煉瓦《あかれんが》の安田講堂というように、伝統と格式のある校舎と雰囲気にあこがれていた学生も多かった。本郷の都会生活を夢見て大東京を目指した者も多かったはずだ。これらが集合して東大ブランドというイメージを形成する。このイメージと第二工学部の現実とがあまりにもかけ離れていたところに、多くの学生が落胆した真の理由があったのだろう。

船舶工学科に合格した石井信夫《いしいのぶお》もそのひとりだった。

「最初に大学に参《まい》りました時に東京から約一時間電車に乗り西千葉駅で降りました、原っぱの中に小さな駅舎しかない淋《さび》しい駅から歩いて行くと大学がありました。これまた広い原っぱの中に数多くの木造の建物が多数点在しており本郷の校舎を夢見ておりましたのでこれが憧《あこが》れの東京帝国大学かと愕然《がくぜん》としました。付近には商店や一般の家屋《かおく》は全然ありません」

石井の「愕然とした」という言葉が真に迫っている。ちなみに石井は一期生ではなく四期生だから入学は一九四四（昭和十九）年十月である。開学から2年半経って、敷地内の建物こそ増えたものの、目の前に映《うつ》る風景は開学当初とさして変わらなかった。

このため、東大工学部志望者にとって第二工学部の存在は微妙な存在に変わっていく。

「第二工学部があるお陰《かげ》で、試験は楽になっていることは間違いないが、漸《ようや》く合格してもあこがれの本郷へ行けるかどうかは、全《まつた》く丁半《ちようはん》勝負だったのである」(米田《よねだ》博《ひろし》、船舶工学科、一九四六年卒)からだ。

端《はな》から東大行きをあきらめる学生もいたようだ。一期生として第二工学部電気工学科に入学した宮本邦朋《みやもとくにとも》は、二回生の夏に火力発電所の現場で実習した際、中年の技術者とこんな会話を交《か》わした。

「大学は何処《どこ》だね?」

「東大第二工学部です」

「家の倅《せがれ》は、第二工学部に入《いれ》られると嫌なので工業大学を受けた」

宮本は「少々、皮肉に聞こえたが、別に気にすることはない」と記している。しかし、入学直後に宮本がこの言葉を聞いていたとしたら、少なからずショックを受けていたかもしれない。

さらには、そもそも第二工学部の存在すら知らずに工学部に合格した強者《つわもの》もいた。合格の手続きをしに事務室へ行ったところ、第二工学部だからこれから先の手続きは第二工学部でしてほしい、と言われたそうだ。

「場所を聞いたところ、千葉と言われて初めて第二工学部が千葉にある事を知りました」

と語る、土木工学科坂上義次郎《さかがみよしじろう》の入学は、戦後の一九四七年のことである。坂上の居住地は東京だった。戦後の東京人でも第二工学部についてはあまりよく知らなかったようだ。

学生の不満

合格者のなかには、第二工学部への振り分けに納得がいかず、学長に団体交渉を挑んだ者も少なからずいた。のちにガス器具・暖房器具製造会社リンナイの社長になる内藤明人《ないとうあきと》もそんなひとりだった。

「第二と聞いて夜間部と勘違いした者もいたほどでした。入学式の後に何人かで安田講堂の学長の部屋に団体交渉に行きましたが、学長は『単純に成績順で交互に振り分けただけで、君らがそうなるのもめぐり合わせだ。まあ、辛抱《しんぼう》してくれ』というようなことを聞かされた覚えがあります」

内藤が五期生として第二工学部に入学したのは一九四五（昭和二十）年四月のことだ。

第二工学部に振り分けられたことに対して、学校側に不満を申し立てた学生はすでに一期生のなかにもいた。このことは入学式に次いであった、瀬藤象二第二工学部長の「学生に対する訓辞」からも明らかだ。

第二工学部の第一回入学式は一九四二年四月一日に本郷の大講堂（安田講堂）で行なわれた。全学いっせいの入学式ではあるが、法学部、医学部、第一工学部、理学部、医専は午前九時、文学部、農学部、経済学部、第二工学部は午前十時と、二部制になっていた。式次第はきわめて一般的なもので、一同着席、君が代斉唱、入学者総代宣誓《そうだい》文朗読、総長告辞、一同退席、となっていた。

入学式を終えたあと、第二工学部の学生については本郷から千葉の第二工学部に移動する。そして二時半より第二工学部講堂において、瀬藤第二工学部長の訓辞があった。講堂には、学生の父兄も列席している。瀬藤は居並《いなら》ぶ父兄に向かって、まず次のように述べている。

「父兄各位は本学部に臨席せられて、まず建物と周囲の状態が、甚《はなは》だしく不揃《ふぞろ》いで不整頓なことに驚かれたことと存じます。わざわざ本郷からここまで出向いて戴《いただ》くことにしましたのは、本学部の現状を御自分《ご》の眼で見て、如何《いか》なる処《ところ》で皆様方の子弟が、本日から教育されるのであるかを知っておいて頂きたいためであります」

第二工学部を見た父兄の感想は残念ながら、手元にはない。しかし瀬藤の父兄に対する言葉から大方《おおかた》の予想はつく。続けて瀬藤は、学生に向けて次のように述べている。

「学生の諸君の中には、入学許可決定以後本学部建設の現場を見に来られて、あれで四月一日から開校できるのだろうかとか、或《ある》いはまたあんな状態の学部に入学するよりも、外の大学へ入学した方《ほう》がよかったとか、第一工学部へ何とかして入れ替えてもらえないものだろうかとか、いろいろのことを考え、中には事務担当者に、その希望やら質問やらを持って来られた者もあります」

このように、初年度入学の一期生から、第二工学部行きに不満をぶつける学生がいたことが、瀬藤の言葉より明らかになる。瀬藤はこうした学生に対して、次のような意味のことを述べた。

本学部の設置が決まって以来1年間、その間に我が国が大東亜戦争に突入して諸事情が悪化するなか、幾多《いくた》の困難を乗り越えて本日開学に至った。不本意な点もあろうが、教員および学生が一体となって第二工学部の建設に努めてもらいたい――。さらに、瀬藤はこう力説した。

「諸君が本学部の最初の卒業者として世《よ》に出たとき、さすが東京帝国大学の第二工学部で教育を受けただけあって、しっかりした人物になっているという風でありたいと、念願している次第であります」（東京大学生産技術研究所編『東京大学第二工学部史』）

第二工学部は突貫で成立したために、諸般不備があることを瀬藤は承知していた。ために、学生が肩を落とすだろうことも予想していた。そのうえで瀬藤は、まだ建設途上の第二工学部を教員および学生が一体となって盛り立てて、さすが第二工学部出身者と評価されるよう錬磨《れんま》してほしい、と学生たちに奮起を促《うなが》したのである。

二工《にこう》にあって、一工《いちこう》にないもの

では、その後、第二工学部に対する学生の印象はどのように変化していったのか。実は、何かと不如意《ふにょい》な第二工学部の現状が、かえって学生たちの心をつかむようになるのである。

まず、第二工学部の一期生には先輩がいない。肩で風を切って歩く存在がいないから気楽である。加えて、伝統と格式、そのいずれも持たない第二工学部は革新的精神と自由に満ちあふれていた。

しかも、キャンパスの周囲は畑に囲まれている。第二工学部出身者の多くは、このような環境が第二工学部生をして野武士的な性格、開拓精神に満ちあふれた人間形成に役立った、と口をそろえて言うようになる。

また、すでに述べたように、教官の年齢が比較的若かったのも第二工学部の学生にとって清新だった。いずれの教官も教育に対する熱意にあふれ、授業が終わったあとも車座になって語り合うこともあった。

授業の間のスポーツも盛んだった。建築未着手の敷地が多数あったことを幸いに、野球が盛んに行なわれた。当時は航空機体学科助教授だった玉木章夫《たまきふみお》（のちに東大宇宙航空研究所長）などはピッチャーとしてならした人物で、学生と一緒に野球を楽しんだ。

いずれの教官も学生の面倒見《めんどうみ》がすこぶる良かった。学生たちを自宅に呼んで食事を振舞ったり、さらには一緒にマージャン卓を囲んだりする冶金学科助教授江上一郎《えがみいちろう》のような教官もいた。学生との飲み会もあった。船舶工学科教授井口常雄《いのくちつねお》のように興《きょう》が乗ると、学生帽を取り上げて頭にかぶり、「きれいな奥さん」という、宴会にはつきもののきわどい曲を歌いながら踊り出す教官もいた。

ちなみに、井口は瀬藤象二のあとを継《つ》いで第二工学部長に就く人物である。一九四三（昭和十八）年に船舶工学科に入学した米田博によると、井口は学生の間から「おやじさん」と親しまれていたそうで、井口門下生で井口の酒の席での歌を引き継いでいる者がずいぶんいたという。

皮肉なことに、戦況の悪化も第二工学部の良さを引き立てる役割を果たした。まず食糧事情である。帝都にある本郷に比べて、千葉の片田舎にある第二工学部は、明らかに食糧事情に恵まれていた。

第二工学部の食堂は食券制で朝食は15銭（1円＝１００銭）、昼食と夕食は25銭である。食糧事情は次第に悪化するも、第二工学部では「学生掛《がくせいがかり》の世話と千葉市の好意と相俟《あいま》って栄養食が給《きゅう》され、大きな丼《どんぶり》に鼻につかえる程の盛《も》りのよい飯とトンカツ、味噌汁、香《こう》の物《もの》が二五銭で、その点本郷の学生には羨望《せんぼう》された」（『東京大学第二工学部史』）のであった。

農作物と魚介類が比較的豊富だったのも、本郷と大きく違った。第二工学部の周囲は一面が畑で土質はサツマイモや落花生《らっかせい》、サトウキビなどを植えるのに適していた。農家から芋《いも》を分けてもらったり、あるいは夜中にこっそり頂戴《ちょうだい》したり、ということも普通に行なわれていたようだ。

大学から南に向かって畑のなかを行くと、やがて省線《しょうせん》（鉄道省が管理したための略称、のちの国電《こくでん》、現・JR）総武線さらに京成電車と交わる。線路を越えて坂を下ると、そこは稲毛の海岸である。この海は遠浅《とおあさ》で海水浴や潮干狩《しおひが》りができた。ここで、アサリやハマグリを採って電熱器で煮《に》て食べる。夜間密《ひそ》かに出かけ、見張り番の目をかすめて養殖ハマグリを頂戴することもあった。これらを肴《さかな》に、焼酎《しょうちゅう》でコンパである。

第二工学部の学生がリュックサックに食料を詰めて本郷に運ぶこともあったし、逆に本郷の学生が第二工学部へ飢《う》えをしのぎにやって来ることもたびたびあったようだ。なお、本郷から来た学生からすると、第二工学部の学生が下駄履《げたば》きでいかにものんびりしているように見えたという。「本郷の学生はぱりっとしているぞ！」と、第一工学部に通う兄に叱られた学生もいた。

第二工学部が千葉で良かったもうひとつの点に、徐々に激しくなった空襲がある。空襲の主たる対象は帝都東京であり、千葉は素通りである。とはいえ、やがて千葉市街も空襲で焼き尽くされることになるのだが――。

お金で見る学生生活

こうして「正直言ってがっかり」から始まった第二工学部生の学生生活は、たった半年間の第一学年が終わる頃には、その不満はかなり解消されていたようだ。

一期生ではないものの、一九四三（昭和十八）年に第二工学部建築学科に入学した田中《たなか》尚《ひさし》（のちに第12代東大生産技術研究所長）は、他の学生の気持ちを代弁するかのようにこう記す。

「一面薄の草むらにポツポツと工事中の木造二階建の校舎。建築学科の建物は西端の二棟、初めて会った先生達の若いこと（40才を越《ママ》えておられたのは渡辺《わたなべ》要《かなめ》、小野《おの》薫《かおる》両教授。30代の助教授は関野《せきの》克《まさる》先生のみ）。この施設、この若い先生。これは大変なところへ来た！

しかし、この杞憂《きゆう》は忽《たちま》ち消えた。不自由に耐えて教育を進めようとする教授連の若々しい熱意。本郷に負けないように頑張ろうとする先輩達の気魄《きはく》。旧制高校の延長のような自《じ》由闊達《ゆうかったつ》な空気。これは良い所へ来た！」（「建築雑誌」昭和52年10月号）

そして、一九四二年十月、一期生は半年間で二回生に進学し、八月に入学試験があった二期生426人が早くも入学してきた。第二工学部の開学から終戦までの約3年4ケ月間に5回の入学があったが、それぞれの年次で入学と卒業の日付に次のような違いがある。

年次	入学	卒業
一期生	一九四二年四月	一九四四年九月
二期生	一九四二年十月	一九四五年九月
三期生	一九四三年十月	一九四六年九月
四期生	一九四四年十月	一九四七年九月
五期生	一九四五年四月	一九四八年三月

ところで、第二工学部に入進学した学生には「東京帝国大学第二工学部便覧」（以下、便覧）と「東京帝国大学第二工学部講義要目」（以下、講義要目）という表題の小冊子が配られた（写真4）。

「便覧」は、学部通則（抜鈔《ばつしょう》）、学部共通細則、工学部規定、実習規程及《および》学生実習心得、付属図書館からなるもので、要するに学内の各種規則について書いた冊子である。

たとえば、学部通則（抜鈔）にある「入学料及授業料」を見てみよう。当時の学費がわかる。

・入学を許可せられたる者は入学料として金五円を納付すへし
・学生及聴講生の授業料は一学年金一二〇円とす
・授業料は二期に分《わか》ちて之《これ》を徴収す其《そ》の納付期間及毎期の金額は左の如《ごと》し
第一期　六〇円　納期　毎年五月（自四月至九月分）
第二期　六〇円　同　　毎年十一月（自十月至翌年三月分）

つまり、第二工学部合格者は初年度に125円が必要で、授業料は前期と後期の分納制になっていた。では、この125円は現在の貨幣価値に換算すると、いかほどになるのか。精確な試算は難しいが、ここでは「かけそば」の値段にもとづいて算出してみたい。

写真4 講義要目と便覧

講義内容を記した「講義要目」と学内の規定・規則を記した「便覧」。入進学者に配布された

（筆者蔵）

週刊朝日編『値段の明治・大正・昭和風俗史』によれば、一九四一（昭和十六）年当時のかけそばの値段は1杯16銭だった。これを基準にすると、入学料および授業料の合計である125円があれば、781杯のかけそばを食べられる。

いっぽう、現代のかけそばを1杯200円と見積もったとしよう（少々安めかもしれないが、筆者の事務所の近くにはこの値段で営業している店がある）。781杯分は15万6200円になる。かけそば1杯を少々高めの300円と見積もると、781杯分は23万4300円だ。このように15万～23万円が125円の現在価値に相当すると考えてよい。学費については、現在のほうがかなり高いようである。

ちなみに前出の『東京大学第二工学部史』によると、右記以外に教練費《きようれんひ》10円（年）、全学会入会金5円、全学会費26円（3年分）が必要になる。さらに同書によれば、本郷を基準にした場合、大学に比較的近い場所に下宿しているケースで月額80円の生活費が必要になったという。年換算にすると960円である。これらを合計すると、入学した年の1年間に1126円が必要になる。ちなみに教練費とは軍事教練のことで、次章で詳述する。

これに先ほどの〝かけそば算〟を適用すると、1126円あれば7037杯のかけそばを食べられることになるから、現在価値は140万円から211万円になる。つまり、当時第二工学部で学んだ下宿生は、現在の貨幣価値に換算して年間140万円から210万円程度が必要だったわけである。

科目と単位数

次に、入進学した学生に配られるもうひとつの冊子「東京帝国大学第二工学部講義要目」について見てみたい。ご承知のように、大学に入ると学生は講義概要を記した冊子（シラバス）を受け取って、受講する講義を検討して選択する。このシラバスに相当するものが「講義要目」である。

前章で、第二工学部では便宜上、共通講座の講義科目を100番台とし、以下、土木工学科所属科目を200番台、機械工学科所属科目を300番台としていると書いた。「講義要目」では、この番号順に講義科目を分類して掲載している。大分類は次の通りだ。

100番台　一般共通科目／200番台　土木工学科所属科目／300番台　機械工学科

所属科目／400番台 船舶工学科所属科目／500番台 航空機体学科所属科目／600番台 航空原動機学科所属科目／700番台 造兵学科所属科目／800番台 電気工学科所属科目／900番台 建築学科所属科目／1000番台 応用化学科所属科目／1100番台 冶金学科所属科目

学生が履修すべき科目については、所属学科の主任教授または他の教官に相談することを必須とした。「便覧」や「講義要目」には記載がないものの、卒業のためには必須科目と合わせて、講義、実験、実習で180単位、卒業論文50単位、しめて230単位以上を取る必要があったようだ。頑張れば、二回生までに180単位を取れたという。

学生は、どの講義でも聴講できた。ただし教授会が認めない限り、科目および論文の単位数は在学中を通じて300単位を超えてはならないという決まりがあった。

次にどのような講義科目があったのかを確認しておこう。もちろん全部紹介することはできないのでその一部に限定せざるを得ない。

一九四二（昭和十七）年十月の二期生入学時における「講義要目」によれば、第二工学部の講義科目数は計244講義で内訳は次の通りだった（カッコ内は講義科目数）。

一般共通科目（62）、土木工学科所属科目（29）、機械工学科所属科目（19）、船舶工学科所属科目（20）、航空機体学科所属科目（17）、航空原動機学科所属科目（14）、造兵学科所属科目（10）、電気工学科所属科目（25）、建築学科所属科目（17）、応用化学科所属科目（16）、冶金学科所属科目（15）である。

さらに、一般共通科目を見ると、「数学第一〜三」「数学演習第一〜二」「力学第一〜二」「力学演習第一〜二」「応用力学及演習第一〜三」「応用力学大意及演習」「応用弾性学第一〜二」のように講義科目が続く。

最先端の講義内容

次に、講義科目の中身である。たとえば「講義要目」で一連の講義科目のトップにある共通科目の「101 数学第一」を見てみると、以下のような記述になっている。

101 数学第一 単位数5・0 渡邉（慧）助教授

第一学期毎週2時間　第二学期毎週2時間　第三学期毎週2時間

第一章　微分《びぶん》方程式

1　緒論／2　一階微分方程式／3　二階微分方程式／4　二階線形《せんけい》微分方程式／5　高級線形微分方程式／6　線形連立微分方程式／7　非線形微分方程式／8　全微分方程式／9　一階偏微分方程式／10　二階偏微分方程式

第二章　フーリエ級数直交函数係《ちょっこうかんすうけい》

11　定積分《ていせきぶん》／12　積分概念の拡張／13　定積分により定義されたる函数／14　函数項の級数／15　フーリエ級数／16　フーリエ積分／17　直交函数系による函数の展開／18　ルジヤンドルの多項式《たこうしき》／19　ベッセル函数

第三章　境界値問題

20　初期条件と境界条件／21　ラプラスの方程式／22　球函数／23　円壔《えんとう》函数／24　熱伝導方程式／25　波動方程式／26　複素数／27　複素函数／28　複素積分

この「数学第二」の担当教官は渡辺慧助教授である。前述のように、渡辺は戦後しばらくして渡米してイェール大学などの教授職に就き、戦後日本で最初の頭脳流出と呼ばれた人物だ。

日本とドイツにのみ存在した造兵学科

数ある学科のなかで、特に戦時色が強いのが造兵学科だろう。700番台のこの学科では、兵器の製造について学ぶ。講義には「701 実用計算学」「720 火砲構造及《および》理論」「721 弾道学」「722 砲架《ほうか》構造及理論」「723 移動砲架」「724 戦車及射爆兵器」「725 魚雷」などの講義科目がある。

造兵学を研究し講義する大学は、世界で日本とドイツにしか存在しなかった。そのため、東洋各国からの留学生も多かった。また海軍から毎年1~2人の軍人が派遣され、普通の学生とともに机を並べ、工学士の学位を得て軍に戻っていった。

もちろん、他の学科でも戦時色を色濃く反映した講義科目が多数あった。船舶工学は軍艦の製造、航空機体学科や航空原動機学科は戦闘機の製造がもちろん視野に入っている。建築学科では、地下工場の建設や建物の迷彩に関する講義もあった。防空に関する講義では、焼夷弾《しょういだん》や爆弾の構造、不発弾の処理方法などもあった。

一九四四（昭和十九）年に建築学科に入学した白山和久《しらやまかずひさ》（のちに建設省建築研究所所長、筑波大名誉教授）は、講義で不発弾の処理方法を教わって、早速実地に応用したことを次のように書いている。

「また確か浜田《はまだ》先生（筆者注・浜田稔《みのる》助教授）だと思うが、防空に関する講義があり、焼夷弾や爆弾の構造や、不発弾の処理方法を教わった。これを五十嵐《いがらし》君などと早速実地に応用し、千葉市に焼夷弾が落《お》とされたときはその処理に行った。処理をしたお礼にお米などが貰《もら》えるし、処理した焼夷弾から抜取《ぬきと》った油脂《ゆし》は実に良い燃料で、空缶一杯で風呂を沸《わか》すことができた」（「建築雑誌」昭和52年10月号）

大学での勉強が意外なところで役立ったようだ。しかしながら、実地応用が不可能な極端な講義科目もあった。そのひとつに一九四三年に第二工学部の講義科目数増加にともない、造兵学科の講義として新設された、海軍技術研究所出身の茂木武雄《もぎたけお》教授による「736 化学兵器」がある。講義要目は次の通りである。

736 化学兵器　単位数4・0　茂木教授
第一、二学期毎週2時間
　第一章 総説
　　1 化兵の意義特性 及《およ》び分類／2 沿革 並《ならび》に関係法規
　第二章 「毒瓦斯《どくガス》」
　　1 製造法／2 性質／3 使用法
　第三章 発烟剤《はつえんざい》、焼夷剤《しょういざい》及火焔剤《かえんざい》
　　1 発烟剤／2 焼夷剤／3 火焔剤
　第四章 化兵《かへい》の防御
　　1 「毒瓦斯」検知／2 防御材料及防毒面／3 防毒

「戦犯学部」の蔑称《べっしょう》

　このような項目が講義要目に並んでいるのだから、衝撃的である。おそらく、こうした講義内容や設立が太平洋戦争勃発の年に相当したこともあって、東京大学第二工学部はのちに「戦犯学部」という蔑称をつけられることになったのだろう。

しかし、第二工学部だけを戦犯学部と指弾するのは大きな誤《あやま》りだ。東大第一工学部にも造兵学科は存在したし、右に記した化学兵器の講義が、第二工学部ではまだ開設されていない一九四二年度にすでに開講されていた。担当は橋本元作講師で、講義タイトルは火薬学科所属の「525 化学兵器学」となっている。こちらの講義要目は、かなり詳細な内容になっているので参考までに掲載しておく。

525 化学兵器学　新単位数5・0（旧単位数2）　橋本講師

第一学期毎週2時間　第二学期毎週2時間　第三学期毎週2時間

第1部 瓦斯

第一章 総論

1 瓦斯の沿革／2 瓦斯の特徴／3 瓦斯の素質／4 瓦斯に対する外界の影響／5 瓦斯の分類／6 毒性と化学構造／7 瓦斯用法／8 瓦斯人道論／9 瓦斯戦の将来

第二章 主要瓦斯各論

1 瓦斯の性能／2 瓦斯製造法

第三章 瓦斯防護

1 総説／2 各個防護／3 集団防護／4 物料防護／5 制毒／6 検知／7 都市瓦斯防護／8 吸収剤及濾煙剤《ろえんざい》

第四章 瓦斯救護

1 救急法／2 治療法概要

第2部 発煙剤、焼夷剤及火焔剤

第一章 発煙剤

1 発煙剤の沿革／2 遮蔽煙《しやへいえん》／3 信号煙／4 発煙剤の将来

第二章 焼夷剤

1 焼夷剤の沿革／2 焼夷剤並同兵器の種類／3 焼夷剤の将来／4 焼焔剤に対する防火法

第三章 火焔剤

1 総説／2 主要火焔剤並同兵器

第3部　化学戦資材と平時工業との関係
第一章　重要資源
第二章　平時用途

右のように、講義内容は大きく三部からなり、「第1部　瓦斯」「第2部　発煙剤、焼夷剤及火焔剤」「第3部　化学戦資材と平時工業との関係」となっている。「瓦斯戦の将来」など生々《なまなま》しい表現もある。また、第3部ではいわゆる「デュアルユース（平時と戦時の利用）」を講義内容に含めているところが特徴かもしれない。

このように、講義内容ひとつからも明らかなように、第二工学部を戦犯学部と指弾するならば、第一工学部もそれに含まなければならない。さらに、戦時における兵器研究は東大だけではなく、内地の七帝大の他6校（北海道帝大、東北帝大、名古屋帝大、大阪帝大、京都帝大、九州帝大）でも行なっている。

たとえば、大阪帝大の理学部では菊池正士《きくちせいし》、赤堀四郎《あかぼりしろう》、仁田勇《にったいさむ》（いずれも、のちに文化勲章受章）らの教授グループが工学部と連携して「戦時科学報国会」を結成している。これは戦争に直接貢献する研究の推進を目指すもので、研究を通じた報国活動と言える。

したがって、第二工学部のみを「戦犯学部」とするのは明らかに誤った表現である。仮に第二工学部を「戦犯学部」とするならば、第一工学部や他大学の工学部も同様に「戦犯学部」と称さなければならない。実態も知らずに軽々しく使う表現ではない。

もっとも、右で見てきたような学問が、大学で講義されていたことじたい、当時は異常な時代だった。そして日本が敗戦へとまっしぐらに進むなか、第二工学部生の一部も一線に出て行くことになる。次章では、その実態を確認したい。

第四章 戦時下の研究

忍《しの》び寄る戦争の影

一九四一（昭和十六）年十二月八日のハワイの真珠湾攻撃以後、日本軍の勢いは凄《すさ》まじく、フィリピンのマニラ占領、パプアニューギニアのラバウル上陸、シンガポールのイギリス軍降伏、ビルマ（現・ミャンマー）のラングーン占領、そして一九四二年三月九日にはインドネシアのジャワ島占領、と国中が沸き返る吉報が相次いで届いた。

しかしである。第二工学部が開学して約２週間後の一九四二年四月十八日、早くも米航空母艦「ホーネット」から飛び立ったB25が16機、東京や名古屋を爆撃して中国へ飛び去った。これがアメリカ軍による日本本土へのはじめての空襲である。

第二工学部土木学科を卒業して、やがて鹿島建設社長になる石川六郎は、この爆撃機を目撃していた。

「遊びを終え、教室で昼食をとっている時だ。突然、爆音が響《ひび》いてきた。同時に、高射砲を打ち上げる音。私の席はちょうど窓際《まどぎわ》だった。身を乗り出して空を見上げると、大きな飛行機が一機、真上に飛んできた。低空で操縦士の顔がはっきり見える。米軍の爆撃機だ。尾久《おぐ》の工場が爆撃され、小学生も亡くなった。

後に知ったことでは、敵機はB25で、十六機が東京や名古屋を爆撃した後、中国大陸に渡った。初の空襲だ。日本はまだ勝ちムードが強かっただけに、冷水を浴びせられた思いだった」（日本経済新聞社編『私の履歴書　経済人37』）

文中に「遊びを終え」とあるように、当時の石川はまだ大学生ではない。旧制中学五年生だった。「模擬戦《もぎせん》」という戦争ゲームで遊んだあとのことである。石川が東大第二工学部に入学するのは終戦の年の一九四五年四月のことである。

石川が文中で書くように、この本土空襲は、戦勝気分に浸《ひた》っていた日本に対してまさかの出来事だった。その後、戦況は悪化の一途をたどる。しかしながら、前章でも見たように、第二工学部生は学生生活を（空腹は別にしてではあるが）ある程度は満喫することができた。

実際、日本本土への空襲が激しさを増すのは、第二工学部の一期生が卒業した一九四四年十月以降のことである。前にも引用した建築学科三期生の田中尚は、次のように書いている。

「昭和19年秋、よく晴れた運動会の日、真白な飛行雲《マ　マ》が東から西へ頭上を抜けた。B29による本格的な爆撃が始まる前兆であった。教室では疎開の荷造りが始まり、落着《おちつ》かなくなった」（「建築雑誌」昭和52年10月号）

飛行機雲が東から西へ頭上を抜けたとは、飛行機が千葉方面から東京方面に飛んで行ったことを示している。また、一九四四年十月に四期生として冶金学科に入学した平林眞《ひらばやしまこと》（一九四七年卒、のちに東北大教授、北見工業大学長）は、次のように記している。

「最初の記憶は、昭和十九年十一月一日の朝、校庭で見た高空を行く一機のB29の銀色の機体とそれから吐き出される白い飛行機雲である。習志野《ならしの》の軍隊からの高射砲弾の炸裂音《さくれつおん》が昼間の花火のように響いていたが、B29は遥《はる》か上空を悠々《ゆうゆう》と飛び去り、彼我《ひが》の戦力の差は歴然であった。爆撃目標を定める偵察飛行であることは明白だったが……」

その半月後、アメリカ軍による東京周辺の爆撃が始まった。田中が言うように、スイスイと上空を飛ぶB29は、「本格的な爆撃が始まる前兆」だったのである。

東京大空襲と千葉空襲

アメリカ軍による東京空襲のなかでも今に語り継がれる最大級のものは一九四五（昭和

二十）年三月十日にあった東京大空襲である。現在の墨田区《すみだ》、江東区《こうとう》、台東区《たいとう》を中心に家屋を焼き尽くし、死傷者10万人を超える空前の大殺戮《だいさつりく》だった。これに続き、五月二十四日にも東京は空襲に見舞われているが、燃えさかる帝都の様子は千葉にある第二工学部からも見えた。

「この年、東京方面は三月九日深夜、Ｂ29爆撃機、３００機による大空襲があり、市街地の四割が焼失したばかりなのに、私が入学後の五月下旬には再び数回にわたり大空襲があり、学寮の二階からも東京方面の暗い夜空が真っ赤に染まるのを見ることができた」（鶴《つる》見俊一《みしゆんいち》、土木工学科、一九四八年卒、のちに横浜市港湾局長）

「この東京大空襲の夜は、友人と稲毛の海岸から東京湾をはさんで赤い炎が燃え盛るのを、文字通り対岸の火事と見ていた。翌朝、電車で行けるところまで行くつもりで上り総武線に乗ったが、小岩《こいわ》あたりで電車は停《と》まり、あとは線路の上を歩いた。どこをどのように通ったのか覚えていないが、黒焦《くろこ》げになった死屍累々《ししるいるい》の焼野原《やけのはら》を歩きながら我が家も焼けたかと半ば諦《あきら》めていた」（平林眞）

しかし不幸中の幸いで、平林の実家は床下に焼夷弾の不発が残っていたものの半分焼けずに残っていた。平林は「対岸の火事と見ていた」と書くが、これは実家のある東京の炎をなすすべもなく見ていた、ということだろう。でなければ、翌日、実家を見に東京に出かけはしない。

千葉を素通りして東京に向かっていたB29は、やがて千葉にも爆弾を投下するようになる。一九四五年五月のある朝、東京を爆撃したB29がその帰りに千葉に爆弾を投下し、千葉駅付近に命中した。これが千葉への最初の空襲である。それからしばらくたった六月十日および七月七日、千葉は強烈な空襲に見舞われた。特に後者は激烈で「七夕《たなばた》空襲」とも呼ばれる。六日の晩から始まった七夕空襲では千葉市街が標的となり、120機を超えるB29が900トン近い爆弾を投下した。

一九四二年十月入学の第二工学部二期生として航空原動機学科に在籍し、のちにスターリング・エンジンの研究者として著名になる一色尚次《いっしきなおつぐ》は、この七夕空襲を経験したひとりだ。一色によれば、飛行機からの爆弾は最初高空で「キリキリ」という音を立てる。これがしばらく続いて地面に落下すると、水平から斜《なな》め上方に向けて爆発する。そのため、この「キリキリ」という音が鳴っている間に、どこか窪《くぼ》みに潜《もぐ》り込めば命が助かる可能性は高い。立ったままだと吹き飛ばされてアウトだ。

七夕空襲当日、一色は千葉の実家にいた。焼夷弾は実家の近くにも落ちた。しかし、幸いにも千葉市街の最西部で周囲は田んぼであり、被害も小さかった。自宅の消火活動をしている途中にも爆弾投下はあったものの、「キリキリ」という音がしている間に右の要領で身を防ぐことで一色は一命を取り留めた。さらに一色は記す。

「爆撃の音も遠のき、千葉市の中心方向を見ると、空が一面真っ赤で市の中心部が燃えているようだった。（中略）その朝の午前四時ごろ、市内に入ってみると、燃え残りの火種があちこちに立ち昇り、一面焼け野原となっていた」（一色尚次著『B29より高く飛べ！』）

千葉市街地から離れた場所にある第二工学部では、七夕空襲以前にも機銃弾を撃ち込まれたことがあったものの、甚大《じんだい》な被害はなかった。しかし、七夕空襲では校舎数棟が全焼する損害を受けた。冶金学科の校舎のように被弾はしたものの迅速《じんそく》な消火活動により全焼を免《まぬが》れたものもある。

また七夕空襲を前後に、アメリカ軍機が昼間に来襲し、第二工学部生目がけて低空からの機銃掃射を頻繁《ひんぱん》に行なった。これには「狙《ねら》い撃ちされる恐怖を感じた」と先の平林は回想している。

陸海軍の受託研究

空襲により、内地の人々も戦争の恐ろしさを肌身で感じる。しかし空襲が激化する以前から、長引《ながび》く戦争が第二工学部に戦時の影を色濃く落としていた。

そのひとつに陸海軍からの受託研究がある。これは陸軍や海軍が研究テーマを提示して、工学部の教授に研究を委託するものだ。受託の大きな窓口として機能したのが東大工学部附属総合試験所（現・東京大学大学院工学系研究科総合研究機構）である。同試験所は一九三九（昭和十四）年、当時工学部長だった平賀譲の運動により成立した。

工学の研究では、その成果が工業界に用いられるには、専門分野の知識を相互に連結する必要がある。また、小規模な実験施設での成果を大規模な工業設備で実現するには、中間的規模の施設が不可欠になる。同試験所は、こうした総合研究および中間試験、さらに大学外部からの委託研究を行なう目的で設置された。設置にあたっては三菱社（のちの三菱本社）の社長岩崎《いわさき》小彌太《こやた》が83万7000円の寄付を行なっている。

同試験所への受託研究は民間企業からのものもあったが、半数以上は陸海軍が依託した案件が占《し》めており、研究には東大工学部の教授らがあたった。一九四二年発行の『東京帝国大学学術大観 工学部 航空研究所』には、一九四〇年八月一日当時、22種類の受託研究を掲載しており、そのうち14件が陸海軍のもので、なかでも海軍のものが13件と突出している。推測の域《いき》は出ないが、これは平賀と海軍の関係によるものではないか。

また、『東京帝国大学学術大観』が列挙する受託研究の表題は「研究の性質上その題目の発表を差控《さしひか》へる必要あるものである」として、研究の内容まではわからない。

いっぽう、畑野勇《はたのいさむ》著『近代日本の軍産学複合体』は、東京大学史資料室が所蔵する資料から、『東京帝国大学学術大観』では伏せてある委託研究の題目を明らかにしている点で注目される。その一部を掲載しよう。

硝酸《しょうさん》繊維素の難燃化剤《なんねんかざい》及安定剤の研究　海軍航空技術廠《しょう》　厚木勝基《あつぎかつもと》教授（応用化学）

水槽《すいそう》試験に依《よ》る剰余馬力計算図表作製　海軍技術研究所　山本武蔵《やまもとたけぞう》教授（船舶）

特殊強力「ネジ」に関する研究　海軍技術研究所　湯浅亀一《ゆあさかめいち》教授（機械）

海綿鉄《かいめんてつ》の使用価値に関する研究　海軍技術研究所　吉川晴十《きつかわはるじゆう》教授（鉱山及《および》冶金）

直流《ちよくりゆう》機《き》整流範囲の拡張に関する研究　海軍技術研究所　瀬藤象二教授（電気）

MK磁石鋼《じしやくこう》の応用に関する研究　海軍技術研究所　三島徳七《みしまとくしち》教授（鉱山及冶金）

疲労試験用桁《けた》制作　海軍技術研究所　田中豊《たなかゆたか》教授（土木）

五番目に挙げた受託研究に、担当教授として、のちの第二工学部長瀬藤象二の名も見える。また、研究テーマは軍事一色というよりも、民間でも利用できる技術のように見える。現在で言うデュアルユースの色が濃いのではないか。

委託学生制度

時節柄、学生の生活も軍事色の強いものにならざるを得なかった。そのひとつに「陸軍委託学生」「海軍依託学生」の増加があった。両制度は、卒業後に陸軍または海軍で勤務することを条件に給費を受けられる制度である。

陸海軍の依託学生の給付金は40円だった。当時、国により大学卒の初任給は85円と決められていたから、かなりの好待遇だった。

依託学生になるには、試験にパスしなければならない。一九三八（昭和十三）年には30人程度だった東大の陸海軍依託学生はその後に急増し、一九四二年には１２１人に達した。それだけ、軍靴《ぐんか》の音がけたたましくなったのだろう。

また、「大学院特別研究生制度」という戦時下の特例措置もあった。この制度では優秀な学生を大学院に進学させるとともに、徴兵猶予《ゆうよ》や授業料の免除、学資支給、就職保証などの特典を与えるものだ。こうすることで、学術を担う次世代の人材を確保すると同時に、戦時下的性格を持つ研究へ従事させることを目的とした。研究テーマには、兵器の改良や戦闘機の性能向上、重要都市における総力戦的再編成などがあった。

「軍事教練」も、当時の時局を端的に映し出したものだろう。これは学生に対する軍事予備訓練の一種で「学校教練」とも呼ぶ。従来、軍事教練は希望者のみだったが、一九三九年四月から必修科目となった。科目は学科と術科に分かれていた。戦史や戦術、軍事講話が学科、部隊教練や射撃、指揮法が術科であった。1週間に2時間が基本で、術科については学年ごとに特定期間、集中して実施する場合もあった。

また、徴兵対象年齢の低年齢化も学生の生活を大きく変えた。第二工学部が開学した一九四二年当時、徴兵は満20歳が基準になっていた。具体的には、前年十二月一日より、その年の十一月三十日までに年齢が満20歳に達する者は、その翌年に徴兵検査を受けなければならない。これを「徴兵適齢」という。

ただし、大学学部生は徴集延期の特例があり、一月二日より四月一日までに出生した者は23歳、四月二日より一月一日までに生まれた者は24歳まで徴兵が延期になる。もちろん第二工学部の生徒もこの特例を受けた。

しかし、一九四三年十月一日に理系と教員養成系を除く文系学生の特例が撤廃された。このため、文系の学生は学徒兵として戦地に向かうことになった。いわゆる「学徒出陣」である。十月二十一日、明治神宮外苑競技場では、戦地に向かう学徒の士気《しき》を高揚するとともに、武運長久《ぶうんちょうきゅう》を祈願して、かの有名な出陣学徒壮行会が開かれた。この壮行会には首都圏1都3県にある77校が参加している。

いっぽう、理系の学生は徴兵猶予がまだあり、学徒出陣の代わりに「学徒動員」として工場や研究所に動員されることになる。前述のように、一九四二年四月に入学した第二工学部一期生は、当初の就学期間3年が2年半に短縮となった。しかも、三回生の半年間はほとんど学徒動員に費《つい》やされたので、じっくり勉強できる時間は二年ほどしかなかった。

電波報国隊

学徒動員の一形態に「電波報国隊」があった。東京所在の4大学（東京大、東京工業大、早稲田大、藤原工業大）の電気工学科の学生は、特に陸海軍の電波兵器工場に派遣された。彼らのことを電波報国隊と呼んだのである。

学校により派遣工場は異なり、東大第一工学部は海軍管理下で東京芝浦電気（現・東芝）、残るは陸軍管理下で第二工学部および東京工業大、早稲田大は住友通信工業（現・日本電気）、藤原工業大は日本無線であった。

東京芝浦電気の電波報国隊に参加した学生の手記によれば、1週間の基礎知識教育のあと実地訓練に移る。基礎知識の教育では、電波兵器の原理や種類などを学び、実地訓練では軍に納入する電波兵器に関する基礎研究、試験装置や測定器の設計、量産装置の調整や試験を行なったという。この例からもわかるように、学徒動員では多くの第二工学部生が兵器の製造に関与している。

前出の一色尚次は、学徒動員の一環で、兵庫県明石《あかし》にあった川崎重工業明石航空工場に2ケ月間派遣された。ここで一色が見たのは長距離爆撃機の試作機だった。担当者に攻撃目標を尋《たず》ねると、ワシントンやニューヨークでもどこでも行けるが、本当の行き先は軍事機密で教えられない、とのことだった。

学徒動員から学校に戻った一色は、ある日、高月龍男教授（第二章参照）から、長距離爆撃機の攻撃目標はアメリカのテネシーバレーに決まったことを聞く。ドイツからのスパイ情報を総合すると、アメリカはテネシーにきわめて重要な工場を稼働させているらしい。これが攻撃目標になった理由だという。

しかし、当時の一色は、テネシーにいかなる重要な工場があるのかは知らなかった。このテネシーで日本向け原子爆弾のウラン凝縮《ぎようしゆく》を行なっていたことを一色が知ったのは、戦後の一九五九（昭和三十四）年にアメリカを訪れた時のことだった。もちろん、戦時中に日本の長距離爆撃機がテネシーに向かって飛ぶことはなかった。

「イ号爆弾」と「マルけ」

学徒動員で熱誘導爆弾「マルけ（㋘）」に関与した生徒もいた。「マルけ」とは陸軍が一九四四（昭和十九）年五月から開発に着手したもので、熱誘導により敵艦を爆破することを目的にする。高所から投下された「マルけ」は高度２０００ｍ程度で敵機の捜索を始め、艦船から砲撃など熱源を発見すると、その方向に機体を進め敵艦を爆破する。「決戦兵器」の意から「マルけ」と呼ばれた。

「マルけ」の開発では、静岡県浜松《はままつ》に試験所を設置し、軍産学が三位一体《さんみいったい》であたった。学術界からは、理化学研究所、東大航空研究所、東大、京大、東北大、文理大（現・筑波大）などがプロジェクトに参加している。

第二工学部の関係者としては平田森三教授のほかに、糸川英夫が東大航空研究所の肩書きで参加している。また、この平田研究室から学徒動員としてプロジェクトに参加していたのが、のちに工作機器製造会社ファナックの創設メンバーで、やがて社長や会長を歴任する稲葉清右衛門《いなばせいうえもん》である。

稲葉によると、浜名湖《はまなこ》での平田研究室は、熱誘導爆弾の弾道計算、コマ撮り写真撮影による観察、焚《た》き火《び》を積んだ船を仮想敵にしたシミュレーションなどを行なったという。また、装置に使用した真空管が日本電気製で、のちに同社中興の祖となる小林宏治《こばやしこうじ》（一九二九年、東大工学部卒）もいたという。

決戦兵器とは勇ましい名前だが、結局、終戦までに「マルけ」は完成を見ることはなく、実戦には使用されなかった。この開発に関与した陸軍外部研究者約300人、動員学徒は1200人以上だったという。

また、今岡和彦《いまおかかずひこ》著『東京大学第二工学部』によれば、この「マルけ」とよく似た兵器に「イ号爆弾」なるものがあった。これは艦船が出す赤外線を目標にして命中させる爆弾である。戦局が厳しくなってきた一九四三年頃、糸川英夫が軍部の特攻用飛行機の設計依頼に対して、逆提案したものだった。糸川の「い」を取って「イ号」の名になったという。

糸川はこう回想する。

「あの頃、松岡洋右《まつおかようすけ》（元・外相）の使いがきて、〝イ号爆弾は完成する見込みがあるか〟と聞くんです。使者は、〝完成の見込みがあるならば、陸下に奏上してポツダム宣言の受諾を延《の》ばしてもらうつもりだ〟と、松岡の口上《こうじょう》を伝えるので、一晩寝ないで考えましたよ」（『東京大学第二工学部』）

熟考の末、糸川は「試作品はできても、いまの戦争には間《ま》に合わないと思う」と返事した。終戦になったのはそれから1週間後のことだった。

石川六郎《いしかわろくろう》の奇妙な経験

学徒動員は工場への派遣のみではなかった。第二工学部の近くに東大所有の検見川運動場があることは第二章で述べた。この検見川運動場に臨時農場を設けて、全学会鍛錬部《たんれんぶ》の事業として集団勤労を行なった。この事業は、大学による食糧増産への学徒動員と言ってもよいかもしれない。

実際の農場に出向く学徒動員もあった。前出の石川六郎は農場への学徒動員に関するちょっと奇妙な体験について、日本経済新聞の「私の履歴書」で語っている。

石川は終戦間際《まぎわ》、千葉県九十九里浜《くじゅうくりはま》の近くにある町に農業支援に出かけた。働き手は戦争に取られているから、内地に残る学生が農家の農作業を手伝うわけだ。援農隊長《えんのうたいちょう》だった石川は、町長の離れの家に寝泊まりして、陸稲《おかぼ》の刈り入れ作業を行なった。

ある晩のことである。石川の元に町長夫妻がやって来て「折《お》り入《い》って頼みたいことがある」と改まった様子で言う。石川は夫妻の願いを聞いて驚いた。「うちの娘を女にしてほしい」と夫妻が言うのだ。

当時、日本がアメリカに負けると、鬼畜米兵は日本人男子の男根を切り落とし、女子を手籠《てご》めにすると信じられていた。九十九里浜から米兵が上陸するという噂《うわさ》も流れている。米兵の毒牙《どくが》にかかる娘が不憫《ふびん》で、それならばいっそのこと日本人に女にしてもらうほうがよかろう。こうして、夫妻は石川に頭を下げた次第である。

これに対して、石川は「戦争はまだどうなるか分からないし、上陸が九十九里浜とは限らない。英米人も同じ人間だ。かわいいお嬢さんを大切にしてください」と話して、依頼を丁寧《ていねい》に断わったという。

特攻兵器「桜花《おうか》」のエンジン開発

前述したように、一九四二(昭和十七)年四月入学した第二工学部一期生は、一九四四年九月に卒業する。これは、第二工学部生で唯一の戦時中の卒業者である。彼ら一期生は学徒動員のあと、ほどなくして戦場の一線に出て行った。そのなかで、海軍技術士官を目指す海軍依託学生だった学生の多くが浜名《はまな》海兵団に入隊している。

海兵団とは、海軍の各鎮守府《ちんじゅふ》に設置された陸上部隊で、軍港の警備や下士官、兵の教育・訓練にあたった。

横須賀《よこすか》鎮守府（横鎮《よこちん》）管下の浜名海兵団は、激しくなる空襲を避けるとともに、太平洋方面の防衛を強化するために一九四四年九月、静岡県新居《あらい》町（現・湖西《こさい》市）に置かれた。この浜名海兵団には、大阪帝大理学部物理学科出身でのちにソニーを立ち上げる盛田昭夫《もりたあきお》も入隊していた。

浜名海兵団では4ケ月の教育訓練を経て、一九四五年三月三十一日の卒業式のあと隊員はそれぞれの任地に散らばっていった。この浜名海兵団を卒業した第二工学部出身者は、戦争末期、日本が開発したきわめて特徴的な兵器の開発にかかわっている。

戦後、日本航空に入社して技術部長などを務める前出の平沢秀雄の例を見てみよう。航空機体学科を卒業した平沢は浜名海兵団を経て、任地である第一海軍技術廠飛行機部第三工場に向かった。ここで平沢は「桜花」のエンジン開発に参画している。

「桜花」は一言で言えば、自爆のみを目的とした有人ロケットだった。大田正一《おおたしょういち》特務少尉が発案したことから、苗字の頭文字を取って「マルダイ㊅」とも呼ばれた。一九四四年夏から開発が始まった。胴長は6mで5・1mの翼がつく。操縦室は人間ひとりがやっと入れる広さである。機首に爆弾を装塡《そうてん》し、わずかばかりの燃料を積載する。脚《きゃく》や車輪はなく、計器類もほとんどない。重量はわずか2140kgである。いわば魚雷に翼をつけたようなものだ。

しかし、これでは自力《じりき》での離陸飛行ができない。そのため双発爆撃機が「桜花」を吊《つ》るして運ぶ。そして敵艦を見つけ十分接近したら、「桜花」を切り離す。「桜花」はロケットエンジンで推進し、搭乗者は敵艦目がけて体当たりする。最初から搭乗者の命など念頭にない特攻兵器である。ちなみに「計器盤には神社のお守りの札《ふだ》が貼ってあった」という、何とも身につまされる記録もある。

平沢がかかわったのは「桜花」のロケットエンジンではなく、アフターバーナーを取り付けたガソリンエンジンのタイプだった。また、無人の「桜花」を双発爆撃機「銀河《ぎんが》」に取り付けた投下試験にも参加した。平沢は回想する。

「終戦も近い米軍艦載機の来襲のある中で、台車に乗せた桜花を工員を指揮して引っぱって技術廠と横空《よこくう》（筆者注・横須賀海軍航空隊）の間を往復する作業であったが、皆勇敢に頑張った」（海軍技術浜名会50周年記念誌編集委員会編『浜名風』）

時期を考えると、平沢が台車に乗せて運んだ「桜花」は、初代一一型の改良型である二二型または三三型ではなかろうか。

なお、碇《いかり》義朗《よしろう》著『海軍空技廠』などによると、初代の「桜花」はその50機が最新鋭の空母「信濃《しなの》」に搭載され、フィリピンのレイテ島に向かった。一九四四年十一月二十八日のことである。しかし、翌二十九日未明の潮岬《しおのみさき》沖にて、米潜水艦による魚雷攻撃を受け、あえなく沈没した。「桜花」も海の藻屑《もくず》と消えたのである。

また、一九四五年三月二十一日には、九州東方に侵攻する敵艦に向けて、海軍神雷《じんらい》部隊が18機の「桜花」とともに鹿児島の鹿屋《かのや》基地を飛び立った。しかし敵艦に到達する前に全滅してしまったという。

日本初のジェット戦闘機「橘花《きっか》」の開発

第二工学部機械工学科一期生の芹沢良夫《せりざわよしお》は、卒業してすぐに浜名海兵団の六〇一分隊に入隊した。この六〇一分隊には第二工学部出身者が多く、赤阪忍《あかさかしのぶ》（冶金工学科、のちに赤阪鐵工所社長）、梅田健次郎（建築学科、のちに鹿島建設副社長）、妻藤達夫《さいとうたつお》（電気工学科、のちに日本電信電話公社を経て住電オプコム社長）、丹羽睦郎《にわむつお》（機械工学科、のちに駐日アメリカ大使館経済部）、神山士《かみやまおさむ》（応用化学科、のちに日本電池常務取締役）らがいた。

芹沢は浜名海兵団を卒業後、航空技術廠噴進部《ふんしんぶ》の技術中尉となった。芹沢はこの噴進部でジェットエンジン「ネ20型」の実験研究にあたっている。

「ネ20型」は日本最初のジェットエンジンで、ロケットエンジンを搭載した「桜花」に続き、日本海軍が製造に着手した戦闘機「橘花」に搭載するものである。全長9・1m、全幅10mの橘花は、左右の翼にジェットエンジンがつく。もちろんプロペラはない。「桜花」同様、特攻を目的としていたが、B29への迎撃も視野に入っていた。

海軍にとって明日に希望をつなぐプロジェクトのひとつだった「橘花」は、一九四四（昭和十九）年十一月から設計が始まり、約半年後の一九四五年六月に一号機が完成する行なわれた。という超特急の開発だった。最初のテスト飛行は八月七日、少数の関係者が見守るなかで行なわれた。

「そのジェットエンジン　ネ20を搭載したジェット機　橘花は八月こっそり飛行に成功した」と芹沢が書くように、その日「橘花」はジェットエンジン特有のタービン音を轟《とどろ》かせながら、見事《みごと》上空を滑空した。これが日本における最初のジェット機の飛行である。関係者全員感極《かんきわ》まった。ネ20型ジェットエンジン開発の中心的人物だった技術中佐永野治《ながのおさむ》(のちに石川島播磨重工業副社長)は次のように回想している。

「警戒管制下のくらい静かな夕食にビールで乾杯したが、われわれの心は白熱していた。翌朝、夜明け前に私は、終始、辛苦《しんく》をともにした有田《ありた》技師、芹沢良夫技術中尉(現、日本自動変速機社長)と二人で戸外にでて、真紅《しんく》の太陽が東方に浮き上がるのを、『橘花』の格納掩体《えんたい》の上でながめた。そして、こんな感激の朝は二度とないことを、たがいに語りあった」(『海軍空技廠』)

芹沢が、上司にあたる永野と「橘花」の飛行成功を喜んだ様子が手に取るようにわかる。ちなみに、同記述には、芹沢が「現、日本自動変速機社長」とあるが、芹沢は終戦後、日産自動車に入社して、のちに日産・東洋工業（現・マツダ）・フォードの合弁による日本自動変速機（現・ジヤトコ）の社長に就いている。

また、この「ネ20型」ジェットエンジンには、第二工学部航空原動機学科を卒業して浜名海兵団に入団し、のちに日産自動車社長となる久米豊も関係している。浜名海兵団一〇三分隊から海軍技術中尉として土浦《つちうら》の第一海軍航空廠所属となった久米は、終戦間際、自宅のあった世田谷《せたがや》から、神奈川の秦野《はだの》に疎開していた航空技術廠に、1週間ほど通ったことがある。「橘花」の実戦配備に備え、ジェットエンジンの構造を学ぶためだった。しかし、概略を理解して土浦に戻ったところで終戦になったという。

縁《えん》とは不思議なものである。この「ネ20型」ジェットエンジンにかかわった久米と芹沢が同じく戦後、日産自動車に入社し、本社と系列会社とではあるもののいずれも社長まで上り詰めている。まさに、「同期の桜」と呼ぶのにふさわしいかもしれない。

なお、この「橘花」には、「第二工学部でがっかりした」と本音《ほんね》を述べた、鹿児島出身の竹下宗夫も関与している。竹下は第二工学部船舶工学科を一期生で卒業し、浜名海兵団を経て佐世保工廠に着任した。その後、福岡に向かい「橘花」を量産する準備のために、飛行機の勉強をしていたという。

しかしながら、結局「橘花」の量産は叶わなかった。第一回の飛行が成功した4日後の八月十一日、今度は軍令部や海軍省、さらには陸軍省などの高官を前に、第二回のテスト飛行が行なわれた。ところが、ジェットエンジンに慣れないパイロットが操作をミスしてしまい、「橘花」は滑走路を飛び出して海岸の砂地にめりこんでしまった。砂浜から引き上げた「橘花」は幸運にもほとんど損傷しておらず、関係者は機体の整備に追われたものの、それから4日後に終戦となる。

したがって、終戦前にジェット機が飛んだのは、あとにも先にも八月七日の1度きりだった。

ロケットエンジン戦闘機「秋水《しゅうすい》」の開発

その頃、日本の同盟国であるドイツでは、最新の兵器を次々と開発していた。世界初のロケット戦闘機メッサーシュミットMe163Aやそれに続くMe163B「コメート（彗星《すいせい》）」、ジェット戦闘機メッサーシュミットMe262「シュヴァルベ（燕《つばめ》）」などもそのひとつだ。

日本はドイツと技術交換協定を結んでいたため、Ｍｅ１６３とＭｅ２６２の技術開示を求めた。最初は消極的だったドイツだが、日本から送られた戦略物資と引き換えに開示要求を受け入れた。

日本側はドイツから得た極秘資料を２部作成し、１部ずつ潜水艦２隻で日本へ運ぶことにした。出発日も変える念の入れようだったが、これはアメリカ軍の攻撃による沈没を警戒してのことだ。

当時、海路《かいろ》でドイツから日本に至るには、フランス西海岸から大西洋を南下してはるばるアフリカ大陸の喜望峰《きぼうほう》を回り、インド洋を抜ける必要があった。一九四四（昭和十九）年三月三十日に先発した第一艦は不運にも大西洋上で消息を絶《た》つ。また、２週間後に出発した第二艦は３ケ月以上かけてシンガポールに無事到着するも、その後、台湾南方で撃沈《げきちん》されてしまった。

しかし、第二艦がシンガポールに到着すると、ドイツから得たきわめて重要な書類のみを飛行機で日本本土に届けることになった。七月十九日、この飛行機は無事日本に到着し

Ｍｅ１６３とＭｅ２６２に関する一部資料が日本国内の海軍の手に渡ったのである。海軍ではロケットエンジンを搭載するＭｅ１６３に大いに興味を示し、「秋水」と名づけられるロケット戦闘機の開発に乗り出した。

当時の日本は高度1万ｍ以上を悠々と飛行するＢ29の空爆に悩まされていた。Ｂ29の迎撃に従来機を用いると、1万ｍに達するまで40分から50分もかかり、また1万ｍという高空では満足な戦闘もできなかったからだ。そのため、迎撃用に新型ターボチャージャーを積んだ戦闘機の開発が進み、Ｂ29を撃墜《げきつい》するケースも出てきた。しかしターボエンジンを搭載する戦闘機の数が少なく、撃墜率も1・5～2％に過ぎなかった。

いっぽう、ロケットエンジン戦闘機ならば、計画時点で最高速度９００㎞時、わずか３分半で1万ｍ以上の上空に到達できる。ただし、全重量の半分以上を占める満タンの液体燃料すべてを消費したとしても、上空での戦闘時間はわずか数分に過ぎない。それでもＢ29の迎撃兵器としては期待の星だったのである。

先に、第二工学部航空機体学科卒業で平沢秀雄が「桜花」のエンジン開発に関与したことを述べたが、平沢はこの「秋水」の開発にもかかわっている。

「私はその液体ロケットエンジン（過酸化《かさんか》水素とヒドラジンを使用）の地上噴射試験を実施する作業を工員を指揮して行った。地上にエンジンを確実に固縛《こばく》する作業であった。一度、まだ関係者が安全な位置に離れる前に噴射して危なかったことがあったが、幸い負傷者は出なかった。ただ、噴射の轟音《ごうおん》で少しの間《あいだ》耳が聞こえなくなった」（『浜名風』）

平沢以外にも「秋水」に関与した第二工学部出身者がいる。平沢と同じ航空機体学科卒で、のちに三菱重工業常務になる佐々木義雄《ささきよしお》もそのひとりだ。佐々木は「秋水」の安定性や操縦性に関する性能計算にもっぱら従事した。

機械工学科卒でやがて日立工機社長を務める権守博《ごんもりひろし》は、「秋水」の搭乗員として訓練を受けるという、やや特異な経歴を持っている。権守は海軍士官を養成する海軍兵学校に入校し、一九四四年十二月から霞《かすみ》ヶ浦《うら》海軍航空隊に派遣され、パイロットの訓練を受けていた。一九四五年三月に海軍兵学校を卒業し、海軍少尉候補生として「秋水」のパイロット要員になる。「七月十五日に海軍少尉に任官したときには死ぬことは覚悟しましたが未《いま》だ恐怖心はありませんでした」とは権守の回想である。

その「秋水」であるが、陸海軍をはじめ民間、大学、研究所も加わった挙国一致の態勢で開発が進められた。権守が海軍少尉に任官する直前の七月七日、最初のテスト飛行があった。しかし、狭い飛行場に燃料は3分の1という条件が重なって、いったん炎を上げて滑空したものの、やがてエンジンが止まり、不時着して大破《たいは》した。テスト飛行は失敗に終わったのである。結局、「秋水」も前線に配備されることはなく、日本は終戦を迎える。

北海道の千歳《ちとせ》基地で終戦を迎えた権守は、パイロット要員として飛行機のエンジンの構造や燃焼に関する講義、エンジンの分解と組み立ての実習などを受けてきた。この知識と技術を自動車の内燃《ないねん》機関に生かそうと考えて、戦後に東大第二工学部の門を叩《たた》き、機械工学科に入学する。卒業は一九四九年のことである。

ドイツの最新兵器「V－1」の国産化

一九四五（昭和二十）年四月、前出の一色尚次（航空原動機学科）は、学徒動員により東大航空技術研究所へ向かった。一色が受けた命令とは、「ドイツ軍がヒットラーの命令により、ロンドンに向けて飛ばしている誘導ロケット弾の第1号『V－1号』の試作研究に従事せよ」というものだった。

先にも触れたように、ドイツでは最新兵器を多数開発していた。「V－1」もそのひとつで、無人誘導で遠距離にある目的地を爆撃する飛行爆弾であり、現在の巡航ミサイルの元祖である。アドルフ・ヒットラーは、この「V－1」でイギリスを空爆しようと考えた。実際にフランスやベルギーの海岸に配備して、海峡を超えたロンドンを狙った。

しかし、「V－1」の速度は速くなく（そのため迎撃機の攻撃を受けた）、また命中率も高くなかった。そこで、ドイツでは改良型の「V－2」を製造する。全長14m、重量12・9t、エチルアルコールと液体酸素を燃焼させて発生したガスで飛ぶ弾道ミサイルであり、ロケットだった。その性能は高く、一九四四年秋からオランダのハーグより1000発もの「V－2」が発射され、200～500発がロンドンを襲《おそ》い、イギリスを恐怖のどん底に陥《おとしい》れたという。

日本陸軍は、性能では「V－2」に劣るものの早期の開発が可能な「V－1」をターゲットにした。また、ドイツの方式は無線誘導だが、陸軍は国産「V－1」を有人ロケットにするという、またしても無謀な方針を採った。「桜花」と一脈《いちみやく》通じる兵器だったのである。一色らが命じられたのは、東京高尾山《たかおさん》から九十九里浜まで飛ぶ国産「V－1」である。

これは、アメリカ軍の九十九里浜上陸を想定してのことであろう。

この国産「V−1」の開発には、航空原動機学科で一色と同期、のちに東洋工業（現・マツダ）会長に就く渡辺守之《わたなべもりゆき》も参加していた。渡辺は、当時をこう語る。

「石油が不足していたので、松根油《しょうこんゆ》で飛ばそうということになり、平尾《ひらお》収《おさむ》先生の指導で、僕と一色尚次君（現・東京工大教授、機械学会会長）とでそのエンジン装置の一部をやったんです」（『東京大学第二工学部』）

松根油とは、松ヤニから作る油である。この松根油を作るために栃木日光《にっこう》の松林が切り倒されたという話もある。もっとも、ガソリンの代替《だいたい》だった松根油でもロケットエンジンは快適に回ったという。点火には白金線《はっきんせん》が適当なのだが、時局柄こちらも不足していた。そのため全国から「白金カイロ」の大供出を受けて点火用に使用したというのだ。なんとも心細い話である。

国産「V−1」は七月頃に完成したものの、こちらも実戦配備されることなく終戦を迎えた。一色らは何機か残っていた国産「V−1」を東大航空研究所の裏の原っぱで、実験装置とともに焼却した。ちなみに航空技研は、現在の東大駒場《こまば》キャンパスの西側にある東大生産技術研究所の場所にあった。

そして、この東大生産技術研究所こそが、戦後に廃止となる東大第二工学部の後身にほかならない。次章では、その経緯について話さなければならない。

第五章
戦後の変化と閉学

原爆と第二工学部

一九四五（昭和二十）年八月六日、広島に原子爆弾が落ちた。甚大な被害に関する情報は東京にも伝わってきたし、第二工学部の学生の耳にも届いた。第二工学部電気工学科に在籍していた伏見和郎《ふしみかずお》は次のように書いている。

「私は海軍依託学生であったため、目黒《めぐろ》の海軍技術研究所に動員され電子部品研究部門に配属された。ここには短波受信機があった。八月六日の新型爆弾は、ＶＯＡ―ヴォイスオブ　アメリカ（筆者注・連邦政府が運営するラジオ放送）―の放送で原子爆弾であると知った」

伏見は、逓信省《ていしん》（のちに郵政省、現・総務省）電気試験所などを経て、東大教授になる人物である。伏見の回想によると、物理学の授業で、渡辺慧助教授から、ウラン核分裂の連鎖反応で莫大《ばくだい》なエネルギーが放出され原子爆弾実現の可能性がある、という話を聞いたという。

また、土木工学科を一九四八年に卒業した鶴見俊一は、谷安正《たにやすまさ》教授の応用物理学や平田森三教授による精密計測法の講義のなかで、次のような説明を聞いたという。

「爆弾被害の大きさから、投下された爆弾は、原子爆弾らしいこと、日本でも理論的には解明されており、原理はしかじかだと、その概要の講義を受け、製造する技術は非常に難しいと思われていたのだが、アメリカでは製造に成功したのかもしれない」

そして八月十五日――。

学徒動員などに参加していない在校生は、全員が第二工学部の講堂に集められた。1台のラジオが壇上中央のテーブルの上に置いてある。正午、ラジオから終戦の詔《みことのり》を読み上げる天皇の声が響いた。

無念の涙を流す者もいれば、ゲートルをさっさとはずす者もいた。またある者は虚脱感と解放感が入り交じった奇妙な感覚に襲われた。空には、グラマン戦闘機が爆音を轟かせながら飛んでいた。鶴見は当時を次のように回想する。

「十五日の夜になった。毎夜、空襲警報に悩まされ続けていたのに、今夜ばかりは静かだ。雨戸をそっと開けた。一陣の風が部屋に入った。恐る恐る電気のかさの周《まわ》りの黒布をはずすと、急に部屋が明るくなった。暑い夏でも雨戸を閉めて、部屋の中を暗くして、生活していたことが信じられなかった。そしてガラス戸を開けて明るい部屋にいると、今にも爆弾が落ちてくるのではないかと不安になった」

その晩、寮生はそれぞれ会合を開き、今後の対応を協議した。若者が集団でいると占領軍が来た時に強制労働に駆り出されるかもしれないとの不安から、多くの学生は自宅に帰って様子見《ようすみ》をすることにした。寮からは学生の姿が次々と消えていった。

いっぽう、第二工学部では終戦当日の午後二時から教室主任会議を開き、授業を継続することを決めている。しかし、右記のように多くの学生が学校を去っており、まともに授業ができる状況ではない。そのため、第二工学部では帰郷した学生に帰学を促す呼びかけを行なった。

ともあれ、九月になると状況は落ち着きを見せるようになり、そして同月二十五日には二期生の卒業式が行なわれた。

終戦と変わる東大

一九四五（昭和二十）年十月二十二日、連合国軍最高司令官総司令部（ＧＨＱ）では「日本教育制度に対する管理政策」を公表し、今後の日本における教育のあり方について、その基本方針を明らかにする。そこには、教育内容や教育手法、教員の資質などが明記してあった。

まず、軍国主義や極端な国家主義の普及を禁止し、軍事教育の学科や教練は全廃する。また、議会政治や国際平和、集会、言論、宗教の自由など基本的人権の思想に合致する教育の促進を求めた。さらに、教師および教育関連の官吏を取り調べ、極端な国家主義者や占領政策に反対する者を罷免《ひめん》するよう要求した。加えて、自由主義的または反軍国主義的な言論や活動で解職や休職になっていた教育関係者の復職も求めた。

当時の東大総長は第二工学部建築学科から内田祥三が就任していた。前総長の平賀譲は、第二工学部が創設された一九四二年、任期満了にともない、健康状態がすぐれないため勇退を希望していた。しかし、総長を選出する協議会では平賀の続投を望んだために、同年十二月二十日に総長に再任している。

ところが翌一九四三年二月十一日、咽頭《いんとう》の痛みから高熱を発した平賀は東大病院に入院する。そしてわずか6日後の十七日、激しい咳《せき》の発作を起こしたあと不帰の客となる。東大では、夏目漱石《なつめそうせき》ら著名人物の脳を約50体保存していた。平賀の脳も解剖して取り出され、遺体はそのあと茶毘《だび》に付《ふ》された。平賀の脳は現在も東大に残されている。

　平賀の死が突然だったこともあり、事務取扱の寺澤寛一《てらざわかんいち》総長を間にはさんだあと、内田祥三が平賀の後継を任されることになった。就任は一九四三年三月である。したがって、太平洋戦争中に東大総長を務めたのは平賀よりも内田のほうが長い。

　敗戦に直面した内田総長率いる東大では、占領軍の動きに先んじて、早くも八月二十五日に学科・講座の名称および内容の改革案を文部省に提出している。

　この案によると、第二工学部関係の学科・講座では、船舶工学科の軍艦講座を漁船や曳《えい》船《せん》などの特殊船講座に衣替《ころもが》えし、航空機体学科は流体工学科（のちに物理工学科）、航空原動機学科は内燃機関学科（のちに機械工学科に吸収）、造兵学科については精密工学科へと名称を変更することになっていた。

　これらの名称変更および内容の改革は一九四六年までに完了する。廃止になった学科に所属した学生は、新設の学科に移るか、別の学科に転籍するかを選べた。人気のある学科には別途、試験があった。

　さらに、第二次人民戦線事件で東大を去った元経済学部教授大内兵衛らの復学がなった。大内は、思想問題で東大を去った経済学部関係の全員復学を求めるとともに、平賀粛学後に補充人事で教授になった人物やファッショ的傾向が強い人物の辞職を条件に、東大に戻ってきた。また、同年十一月には内田が総長勇退を表明し、翌月そのあとを法学部長だった南原繁が襲っている。

この南原と大内が第二工学部の命運を決めるキーパーソンの役目を果たすことになるわけだが、その点についてはあとで述べることにしよう。

食糧難とインフレの直撃

この頃になると、人々も敗戦を現実として受け止められるようになった。しかしながら、食事事情は相変わらずだ。むしろ、戦時中より悪化した。というのも折悪《おりあ》しく、全国的に冷え込んだ天候により、終戦の年の農作物は歴史的な不作だったのである。

しかも、戦争による労働力不足やインフラ破壊による輸送難が都市での食糧不足に追い打ちをかけた。

第二工学部の学生も、食糧難の直撃を受けた。リュックサックを背負って米や芋、落花生を近郊へ買い出しに行き、稲毛海岸では以前と同様に夜間こっそりとハマグリを採る学生が、あとを絶たなかった。校庭は戦時中と同様、芋畑と化していた。

寮で暮らす学生の場合、寮生への配給だけではお腹が空《す》くため、夜になるとどの部屋でも鍋や飯盒《はんごう》で米や芋を炊《た》いた。調理には電熱器を用いる。夕食後、各部屋で電熱器をいっせいに点《つ》けるので、ヒューズが飛んでよく停電した。

そのため、「電熱器使用中」の木札を作り、それを部屋の入口に掛けた者だけが電熱器を使えるようにして停電を防ごうとした。しかし「定期試験のシーズンになると、早く腹《はら》拵《ごしら》えして早く勉強に取りかかろうとするため、一晩に何回も停電が起こり、電気委員はその都度ヒューズを取り替え、スピーカーで寮生に注意を喚起した」（鶴見俊一）という。

インフレも人々の生活を直撃した。終戦年の一九四五（昭和二十）年を基準にして卸《おろし》売《うり》物価指数の推移を見ると、一九四六年が4・6倍、一九四七年は13・8倍、一九四八年に至っては36・5倍を記録している。闇市《やみいち》が各地に横行し、公定価格よりも高値での取引が行なわれた。公定価格と闇価格の比は、一九四六年が7・2倍、一九四七年は5・3倍、一九四八年は2・9倍だった。

インフレの影響は、授業料にもおよんだ。一九四七年度には600円だった授業料が、翌年度は3倍の1800円、翌々年度は6倍の3600円に跳《は》ね上がっている。学生も知恵を絞《しぼ》ってインフレ対策を講じた。応用化学科を一九五〇年に卒業した渡辺健三《わたなべけんぞう》は、次のように書いている。

「家から春に送金を受けても、当面授業料の方《ほう》は失礼して、できるだけ値上りしそうな参考書を神田《かんだ》、本郷の古本屋で購入し、授業料そのものは次年度督促《とくそく》を受けてから納入するという、申し訳けない方法でインフレヘッジをしたことが思い出される」（「くろすな：東京大学第二工学部応用化学科第七回卒業生　卒業四十周年記念文集」）

船舶工学科を卒業した前出の竹下宗夫も、「海軍は九月十二日除隊、退職金二千円は多いと思ったが、戦後の超インフレで超減価した。逆に五年余も借金した奨学資金は一回で返済でき、気の毒な思いをした」と、渡辺と似たことを述べている。

余談ながら、国家が膨大な借金を一掃《いっそう》するには、紙幣を刷ってインフレにするのが手っ取り早い。この手法で膨大な賠償金を支払ったのが、第一次世界大戦敗戦国のドイツやオーストリアである。

第二工学部では、学生の生活を守るために「東大第二工学部アルバイト委員会」なるものが発足した。これは、学生にアルバイトの世話をして学資の足しにしてもらうのが目的だ。電気機器やラジオの修理を請け負う電気相談部、受験生を対象に数学などの添削を行なう通信添削会などが活躍した。

陸士《りくし》、海兵《かいへい》から第二工学部へ

東大における戦後最初の入学式は一九四六（昭和二十一）年四月一日にあり、第二工学部にも六期生が入学してきた。この六期生には、外地の大学や軍関係の学校からの学生がいた。外地の大学は京城帝国大、台北帝国大、旅順工科大などで、在籍した学生の修得科目や単位数などを考慮に入れて編入した。

軍関係の学校は陸軍士官学校、陸軍航空士官学校、海軍兵学校、海軍経理学校などを指す。これらの学校の学生については思想上問題があるという意見もあったものの、国の指導により定員の10％以内を目処《めど》に、試験を経て入学させることになった。海軍兵学校を出て戦闘機「秋水」の搭乗員として訓練を受けた権守博は、この枠で戦後に第二工学部機械工学科に入学したわけである。

権守と同じ道を歩んだのが、「はじめに」で触れた、のちの富士通社長山本卓眞である。山本は一九四五年三月、陸軍航空士官学校を卒業すると、すぐに満州に赴任する。そして、八月十四日夜、山本は若楠《わかくす》特別攻撃隊の一員として、奉天航空廠で戦闘機「隼」に爆弾を搭載し、出撃命令を待っていた。

ところが、特攻命令が出るはずだった翌十五日に玉音《ぎょくおん》放送が流れ、山本はまさに九死に一生を得る。そして、十八日正午に奉天を列車で出発し、日本に向かった。その翌日、ソ連が奉天に侵攻して多くの日本人がシベリアへ抑留されているから、山本はまたしても命拾いをしたのである。

日本に戻った山本は陸軍から退職金をもらい、このお金で学校へ入り直そうと考える。山本は戦時中、捕獲されたアメリカ軍機を見て、その技術力および品質の高さに驚き、科学技術の重要性を認識していた。そのため山本は第二工学部電気工学科に願書を出す。

実は、この年は第一工学部と第二工学部は別々に試験を行なうことになっていたのである。陸軍航空士官学校の卒業者は18人が第二工学部に挑戦し、合格したのは5人である。

そのひとりが山本だった。また、この年は女子がはじめて東大に入学している。山本は当時をこう語る。

「東大に入学したが、ひどいものだった。運動場を勝手に耕《たがや》して、芋を作っている学生や職員がいる。同級生も、年齢はまちまち。闇屋《やみや》や担《かつ》ぎ屋《や》で身を立てている学生も多く、出席率は良くなかった。身につけている物も悲惨だ。私も、軍服に下駄《げた》か戦闘機乗り用の長靴《ちょうか》で三年間過ごしたが、下駄のほか、草履《ぞうり》をはいてきている学生も多かった」（日本経済新聞社編『私の履歴書 経済人34』）

入学前、軍人出身者は他の学生から憎悪《ぞうお》の目で見られると噂されていた。しかし、実際にはそのようなことはなかったようだ。また、軍人出身の学生自身も「心配されていた思想的悪影響は少しもなく、むしろ質実剛健で、愛すべき学生が多かった」（『東京大学第二工学部史』）ので、学校側も安心したようだ。

空前の就職難

当時の大学生にとって、就職難は大きな問題だった。これは東大第二工学部の学生とて例外ではない。

日本は戦争により領土の44%を失った。また、相次ぐ本土空襲で、工場や通信設備など生産設備の多くが破壊されている。非軍事分野の戦争被害は、一九四九（昭和二十四）年末の公定価格で4兆2000億円にも上《のぼ》った。さらに、外地から600万人もの復員者や引き揚げ者が押し寄せた。これにインフレや食糧難が襲いかかったのである。就職先が見つからないのも当然と言えば当然だろう。

戦後3代目の内閣となる第一次吉田茂《よしだしげる》内閣では、日本経済を復興するために「傾斜生産方式」を立案した。これは鉄鋼・石炭・肥料産業の復興育成を集中的に行ない、その恩恵を日本経済全体に波及させようというプランだ。立案の中心メンバーになったのは、第二次人民戦線事件で東大から放出され、戦後になって大内兵衛とともに復学した経済学部教授有沢広巳である。

もっとも、傾斜生産方式により、日本の経済が一気に上り調子になったわけではない。日本経済の右肩上がりの成長は、一九五〇年に起こる朝鮮戦争による特需景気を待たなければならない。

しかし、景気が悪いからといって無職ではいられない。相当無茶な方法で就職先を決めた者もいた。一九四七年に第二工学部物理工学科（航空機体学科の後身）を卒業した山野《やまの》正登《まさと》は、戦後の就職難のあおりを受け、担当教授の厚意で研究室に残ることになった。ある日のこと、山野は友人と山手線に乗っていた。品川駅に差しかかった時、なぜか「衆議院議長公邸に行き、議長に就職の斡旋《あっせん》を頼んでみよう」となった。

駅を降りたふたりは、松岡駒吉《まつおかこまきち》衆議院議長に面会を申し込む。門前払いされると思いきや、議長はふたりに会うと、運輸省の次官へ紹介状を書いてくれた。ちなみに松岡は労働運動でならした人物だったから、就職斡旋の面会相手としては非常に適していたと言えるかもしれない。

運輸省に向かうと、対応に出た次官は「すでに採用試験は終わっている」と述べたうえで、ふたりに商工省（現・経済産業省）をすすめた。こうして、山野は試験を受けて商工省に入省することになった。ちなみに、山野が面談した運輸省の次官とは、のちの首相佐《さ》藤栄作《とうえいさく》にほかならない。

二工生の就職活動

戦時中は、学生の就職先を担当教授が差配《さはい》した。戦後も、担当教授は学生の就職に大きな影響力をおよぼした。前出の山本卓眞の場合を見てみよう。

山本が所属した電気工学科の教室主任は、星合正治である。星合は第二工学部設立時に、学部長瀬藤象二の右腕として働いた人物だ。学生の面倒見がよく、学生の就職相談にもよく乗った。

山本自身の回想によると、家族の分《ぶん》も含めてとにかく食糧を確保することが先決で講義にはなかなか出られなかったという。このような事情もあってだろう。一九四九（昭和二十四）年、山本は大学を卒業したらすぐに就職すると決めていた。しかし、空前の就職難で就職先が見当たらない。星合にも相談したが、大手企業はどこも採用しないとの返事である。

やがて呼び出しがあり、「旧知が社長をしている富士通信機製造に行ってみろ」と、星合は山本に言う。山本ははじめて聞く会社の名前に、どうせ小さい会社なのだろうと早合点し、抗議した。

「成績は悪いかもしれないけれど、そんな名も知らぬ会社とはひどいじゃないですか」

しかし、就職はしたい。やむを得ず南武線の武蔵中原《むさしなかはら》駅前の本社に面接に行くと、電気工学、作文に続いて英語の試験があった。山本は英語を学んだのは一度だけで、東大の入試はドイツ語で受けている。星合に恥をかかせてはいけないという一心で、「幼年学校（筆者注・陸軍幼年学校、生徒の多くはドイツ語を選択した）に行ったので英語の勉強はしていない。東大の入試はドイツ語で受けた」と答案用紙に弁明を書いたという。

結果は合格である。当時の富士通信機製造は、ドイツのシーメンス（ジーメンスとも呼んだ）から技術導入をしていたから、ドイツ語ができる人材はありがたかったのである。星合はそのことを知っていて、山本に富士通信機製造を斡旋したようだ。

ちなみに、富士通信機製造は言うまでもなく現在の富士通の前身である。同社は古河市兵衛《ふるかわいちべえ》が一代で興《おこ》した古河財閥傘下《さんか》の古河電気工業が、ドイツのシーメンスと提携して、一九二三（大正十二）年に設立した富士電機製造株式会社（現・富士電機）に端《たん》を発する。古河の「ふ」とジーメンスの「じ」で「富士」というわけだ。この富士電機製造の電話部門を分離して、一九三五年に設立されたのが富士通信機製造、現在の富士通である。

富士通の現在のシンボルマークは「FUJITSU」の英字表記になっている。いっぽう、設立当時の富士電機製造のシンボルマークは小文字の「f」と大文字の「S」を組み合わせたものだった。これは古河の「f」とシーメンスの「S」を意味している。山本はそのような由緒がある会社とも知らずに試験を受けに行ったわけである。

いっぽう、「はじめに」で触れた、山本と同じ電気工学科卒で、のちに日立製作所社長になる三田勝茂は、一九四五年に旧制都立高校から第二工学部航空機体学科に進んだ。しかし終戦後、航空機体学科は廃止になったため、翌年に試験を受けて電気工学科に転籍している。この三田も山本と同じく、星合正治に就職を斡旋してもらった。

三田の志望は商社だった。しかし星合は、電気工学科出身者だからと商社行きに反対する。そこで三田は第二志望の商工省を目指したが、試験で落ちてしまう。結果が出たのは四月だから、めぼしい会社の試験はすでに終わっていた。

商工省をすすめた星合は責任を感じたようだ。そこで、星合と同じく電気学会副会長を務めていた日立製作所副社長大西定彦《おおにしさだひこ》に相談したところ、日立系の商社である日製産業なら入社できるという返事だ。三田は、星合のすすめで同社に決めたところ、偶然日立製作所に空きができ、結局、日立製作所へ就職することになる。六月の途中入社だった。

こうしてやがて山本と三田は、一九八一年に富士通と日立製作所、それぞれの社長に就任することになるのだが、その陰《かげ》には星合正治の就職斡旋があったのである。その星合は東大退官後、日立製作所の中央研究所長に就任している。

戦後の逆風と存続問題

山本や三田が就職活動で悪戦苦闘していた一九四九（昭和二十四）年は、第二工学部にとってターニングポイントとなる時期だった。というのも、第二工学部ではこの一九四九年度以降、新入生の受け入れを打ち切っているからだ。つまり、第二工学部の閉学が具体的に動き出したのである。ここに至る経緯を知るには、終戦直後に時計の針を戻さなければならない。

そもそも第二工学部の存続について、終戦直後から問題になっていた。戦争に必要な工学部生の補充を目的として成立したものだから、戦後には不要だろうという論理である。

早くも一九四五年九月、内田祥三総長が瀬藤象二に対して、学内に第二工学部存続に反対する意見があることを伝えている。その後、第二工学部の存続についてはたびたび議論されたが、その動きは一九四七年に決定的となる。

同年三月三十一日、政府は「教育基本法」と「学校教育法」を公布した。これにより、日本の学制は現在の「6・3・3・4制」に移行し、義務教育は小学校6年と中学校3年となる。東大では、新制度以後の組織運営を検討するため、一九四七年六月十日に、南原繁総長を委員長に、新大学制実施準備委員会を設けた。第二工学部からは第2代学部長井口常雄のほか、瀬藤象二、山内恭彦《やまのうちたかひこ》、関野克が委員となった。

委員会で懸案となったのが、第二工学部の今後の取り扱いである。七月七日の二度目の委員会会合で早くも第二工学部の存続に対して異議が表明される。さらに会合が重なるにしたがって、第二工学部に対する風当たりは強くなる。『東京大学第二工学部史』では、次のような意見が出たと記す。

「二工の成立は戦時中の必要からであった、現在の産業界は多くの工科方面の技術者を消化できない、したがって二工を廃止してその余裕を他にふりむけるべきである」

このいわば第二工学部廃止論、講座の他学部移譲論とも言える主張を強硬に展開したのが、経済学部に復学した大内兵衛だった。大内はこう語る。

「ご承知の通り、第二工学部というのは平賀さんの力によって、当時の戦力増強の要求をバックにしてでき上がった学部であった。千葉のキャンパスも相当大きなものであり、講座も七、八十もあるという膨大な組織であった。いわば戦争が生んだタンコブである。もしこのタンコブを戦後に維持するとなると、総合大学としては一部だけふくれが上《ママ》った不《ぶ》恰好《かっこう》なものとなる」（大内兵衛著『経済学五十年（下）』）

つまり、この〝タンコブ（第二工学部）〟を解消して総合大学としてバランスのある学部配置にしなければならない。そのためには第二工学部を廃止して、手持ちの講座を他の学部に回す必要がある、という論理である。対して、第二工学部の委員は第二工学部の必要性を説いたのはもちろんである。

しかし、形勢は第二工学部に不利で、委員会では廃止もやむなしという意見が強くなる。瀬藤は「戦後の復興のために優秀な工学者をたくさん出さなければいけない」と述べ、第二工学部の存続を粘《ねば》り強く主張したが、「そういうお題目は壁に向かって言え」という言葉さえ、公式の場で出たという。

第二工学部を廃止せよ！

十月に入ると、第二工学部内に新大学制委員会を設けて第二工学部の今後の方針について議論した。委員会では今後の第二工学部のあり方について、次のような案が出た。

①一工・二工合併案
②千葉学部案
③千葉大学案
④理科系研究所案

最初の「一工・二工合併案」は第一工学部と第二工学部の人員を統合するもので、千葉を学部、本郷を大学院にする（またはその逆にする）案である。次の「千葉学部案」は本郷の第一工学部と重複しない学部を設ける案で、第一工学部と重複しない工学部案、理工学部にする案などがあった。「千葉大学案」は東大から第二工学部を切り離して技術系大学として独立させる案である。最後の「理科系研究所案」は理系の研究所に衣替《ころもが》えする案であった。

第二工学部の将来を考えると、どうしても第一工学部とのすり合わせが必要になる。そこで第一工学部と第二工学部は一工・二工協議会を設けて、この問題を話し合った。この会合で、第二工学部関係者はがっくりと肩を落とすことになる。

というのも、第一工学部の関係者は、第二工学部との合併案や統合案にはまったく関心を示さず、講座を第一工学部に移すのならば研究所への衣替えには反対しないという態度だったからである。

こうして十二月一日、第十二回の新大学制委員会を迎えるのだが、ここで第二工学部の廃止は決定的となる。

この席で、東大総長である南原繁委員長から「第二工学部を続行することは困難である」という言葉が飛び出すのだ。そして、「関係両学部の合同委員で考えているが全学の問題として審議したい」と提案した。南原の言う関係両学部の合同委員会とは一工・二工協議会のことにほかならない。

また、大内はしつこく持論である第二工学部廃止論、講座の他学部移譲論を繰り返した。そのうえで、次のように言い放った。

「大学として二工のすべてを失うことを決心して議事を進めるのが順序である。そのために人材（二工の）が無駄になってもやむを得ない」（『東京大学第二工学部史』）

瀬藤ら第二工学部関係者の心中はいかばかりであったろう。

第二工学部から生産技術研究所へ

いっぽう、十二月八日の第十三回委員会の席上で、瀬藤は一工・二工協議会の結論として、第二工学部の60講座のうち約20講座を第一工学部に移すとともに、第二工学部については40講座をもって大学院を中心とした総合研究機関に衣替えする案を示した。

この案に、またしても大内が噛《か》みつく。「二工を廃止して生《しょう》じた余裕で新しい学問の講座や予算を考えるべきだ」と譲らない。さらに十二月十五日の第十四回委員会で、大内はとうとう本音を述べた。

「経済学部が法学部から独立するとき三分の一の講座で開設したため、最《もっと》も小さい学部であるから、経済学部拡充が必要であり、二工を廃止した余裕をこれに充当したい」（『東

京大学百年史　部局史三』)。大内がやかましく持論を展開したのは、この経済学部の拡充が念頭にあったのは明らかだ。

年は明けて一九四八（昭和二十三）年一月十九日、第十五回の委員会が開催され、ここで、第二工学部を研究所にするとともに、同学部が持つ講座は新設の研究所および工学部の充実にあて、全学へ還元する方向で調整することが決まる。

さらに二月九日の委員会では、第二工学部が持つ60講座のうち35講座を、工学部を中心とした学部および研究所に渡し、残る25講座のうち、工学を除く自然科学関係学部に5～8講座、文科系に15～20講座を渡すことで決着した。

懸案の〝タンコブ〟が取れて、大内はさぞや満足だったろう。のちに、大内は次のように述べている。

「このおかげで、経済学部も二つか三つ講座をもらうことになった。この議論の場合、経済学部そしてぼくが少し出しゃばり過ぎたと思わないではない。しかしわれわれは決して戦利品分捕《ぶんど》り主義ではなかった。このことは、工学部の諸君も諒《りよう》としてくれたことかと思う。（中略）総合大学としては、自然科学と社会科学とのバランスという問題は重大な問題であるが、戦後東大が第二工学部の廃止についてとった処置はこのバランス正常化であったと同時に、これが経済学部の発展、それによる東大内におけるその地位の改善のスタートであったと思う」（『経済学五十年（下）』）

バランスとは言うものの、要するに、経済学部が発展すればよかったようだ。大内は戦後も変わらず、縄張《なわば》り争いを好んだように見える。こうして講座数の割愛《かつあい》が決まった時、瀬藤は立ち上がってこう言ったという。

「本学の平和のためにこれを敢《あ》えて甘受する」

瀬藤そして第二工学部関係者の苦悶《くもん》の表情が目に浮かぶ。ここに第二工学部は廃止となり、研究所として生まれ変わることが決まった。のちに、この研究所は「東京大学生産技術研究所」と名づけられるのである。

GHQの横槍《よこやり》

第二工学部の生産技術研究所への衣替えにも難問が控えていた。GHQの存在である。GHQでは、経済科学局が第二工学部の成り行きに関心を示していたのである。

東大では終戦後まもなく、航空研究所を理工学研究所に改めている。同研究所は航空に関する基礎的な学術研究を目的に一九二一（大正十）年に設立された。しかし戦時中、その研究成果が戦闘機の開発に流用されたこともあり、体制を改めるとともに、組織名も変更した。

GHQ経済科学局の科学技術部長だったハリー・ケリー博士は、この理工学研究所と第二工学部とを合併するプランを持っていた。というのも、日本の復興に工学が不可欠なのは言うまでもないが、質的《しつ》に並《なみ》の研究所がいくつもあってもしようがない。むしろレベルの高い研究所が少数あればよい、と考えたのである。

また、ケリー博士は、新たに設置する研究所が失業者の受け皿になってはいけない、との思いもあった。第二工学部はまたしても難しい問題を突きつけられたのである。

この難局に対応したのが、またしても瀬藤象二である。瀬藤は、一九四五（昭和二十）年三月末で第二工学部長を退任していた。あとを襲ったのは井口常雄である。しかし一九四八年、井口の任期満了にともない、第二工学部の廃止と生産技術研究所の設立という大役を前に、教授総会の強い要請で、再び瀬藤に第二工学部長の大任が回ってきたのである。

瀬藤はケリー博士からの申し入れに対して、新たな研究所と理工学研究所の性格の違いを諄々《じゅんじゅん》と説いた。

そもそも、新たな研究所は、生産現場における技術向上に貢献する具体的で実際的な問題の解決を目標とする。どちらかというと、純粋な研究志向である理工学研究所とはミッションが異なる――。これらの点を瀬藤は粘り強くGHQに説明したところ、最終的にケリー博士も新研究所の設立を渋々《しぶしぶ》承知したのである。

こうして第二工学部の新入生募集は一九四八年度を最後に打ち切りとなる。したがって、先にも書いたように翌一九四九年度の第二工学部の入学試験は行なわれなかった。

そして、一九四九年五月三十一日、東大生産技術研究所は、「国立学校設置法」により、東京大学に付属する研究所として正式に誕生し、千葉を所在とした。これにより、第二工学部の学生が卒業するまで、第二工学部と生産技術研究所は並行して存在することになる。生産技術研究所の初代所長には、第二工学部長と兼任で瀬藤象二が就いた。

閉学式と学部長の涙

一九四八（昭和二十三）年度に入学した第二工学部の八期生は、一九五一年三月末をもって卒業した。これに先立つ三月二十八日、第二工学部講堂で閉学式があった。瀬藤学部長の式辞のあと、来賓《らいひん》および同窓生総代《そうだい》、八期卒業生代表の挨拶があり、最後に茶会を開いて、たがいの労をねぎらうとともに、第二工学部の短い歴史に思いを馳《は》せた。

3日後の三月三十一日、瀬藤学部長が、開学当時に自らの手で掲げた「東京大学第二工学部」の標札を自ら下ろす（写真5）。全員が「蛍《ほたる》の光」を斉唱して第二工学部の閉学を惜《お》しんだ。

奇《く》しくも、この日は瀬藤が東大を退官する日と重なっていた。瀬藤は「私は第二工学部を作れといわれ、全力をつくした。またその私に第二工学部を潰《つぶ》せといわれた」と漏《も》らし、その日の午後、元東大総長平賀譲の墓に参り、涙を流したという。

一九四二年に開学し一九五一年に閉学した第二工学部は、わずか9年間存続したに過ぎない。しかし、その間に一期生から八期生まで総勢2562人の卒業生を送り出した。

ちなみに、国立大学は一九五〇年度で旧制での募集を打ち切った。そのため、旧制高校

写真5　ついに閉学

1951（昭和26）年3月31日、第二工学部の標札が瀬藤象二学部長（第3代にて最後の学部長）によって下ろされた

（『東京大学第二工学部の光芒』より）

出身者は一九五〇年度までに大学に進学できなかった。

このことを、白い線が入った旧制高校の制帽にちなみ、「白線《はくせん》浪人」と呼んだ。

彼らを救済するために、生産技術研究所では一九五一年度に工学部分校を設置した。彼ら分校入学者は一九五四年三月に２０４人が卒業した。この数字も合わせると、第二工学部の卒業者は２７６６人に上る（図表3）。

そして、大内兵衛の予想を裏切って、その後も工学部卒業者に対する

図表3 第二工学部の入学と卒業

期	入学	卒業	卒業生数
1	1942年 4月	1944年 9月	377
2	1942年10月	1945年 9月	412
3	1943年10月	1946年 9月	393
4	1944年10月	1947年 9月	340
5	1945年 4月	1948年 3月	368
6	1946年 4月	1949年 3月	130
7	1947年 4月	1950年 3月	291
8	1948年 4月	1951年 3月	251
分校	1951年 4月	1954年 3月	204
		卒業生総数	2766

(『東京大学百年史 部局史三』より)

社会の需要は増え、彼らは日本経済の発展に大いに貢献するのである。

第六章 卒業生と戦後の日本経済

一九五一年という画期《かっき》

第二工学部が閉学した一九五一（昭和二十六）年は、日本にとって画期《かっき》となる年でもあった。

前年六月、朝鮮半島の38度線で韓国と北朝鮮の武力衝突が発生した。朝鮮戦争の始まりである。国連軍の一員として韓国の後押《あとお》しをするアメリカ軍は、日本を兵站《へいたん》の拠点にした。このため、日本の企業にアメリカ軍から物資の注文、武器の修理、輸送が大量に舞い込んだのである。日本の景気は一気に過熱した。

しかも、戦争は予想外に長引き、この特需《とくじゅ》景気によって、太平洋戦争で痛めつけられた日本経済は急速に回復する。そして、鉱工業生産指数が戦前の水準に戻ったのが一九五一年だった。

また、この年の九月八日、日本は「サンフランシスコ平和条約」に調印して国際社会に復帰している。同時に、アメリカとは「日米安全保障条約」を締結する。時の首相は吉田茂である。同条約は吉田が単独で調印したもので、この結果、国の安全保障をアメリカに依存する現在の形ができあがる。まさに敗戦から戦後の混乱を経て、日本が新たな一歩を踏み出したのが、この一九五一年にほかならない。

それから五年後の一九五六年、経済白書は「もはや戦後でない」と高らかに宣言した。ただし、このメッセージは「もはや戦後ではない。よかった、よかった」という主旨ではなく、戦後の復興による従来の経済発展は終了したという意味である。したがって、今後の日本の発展は復興ではなく、近代化が鍵になる。この新たな局面に備えよ——。このような檄《げき》を日本国民に飛ばしたのである。

一九六〇年に首相の座に就いた池田勇人《いけだはやと》は「国民所得倍増計画」をぶち上げ、国民の所得を10年間で倍増させることを宣言する。この公約はあっさりと達成され、一九七〇年を待たずして国民の所得は倍になった。

一九七九年には、アメリカの社会学者エズラ・F・ヴォーゲルが著作『ジャパン アズ ナンバーワン』を出版してベストセラーになる。「ジャパン・アズ・ナンバーワン」は流行語となり、敗戦から立ち上がった日本もいよいよ世界の頂点に到達した、と多くの日本人が感慨にふけることになる。

もっとも、同書は日本に追い越されることもあるかもしれないから注意せよ、とアメリカ人向けに警告を発したものであり、日本を世界一と褒《ほ》め称《たた》える内容ではない。

経済発展と工学部出身者

日本のこの高度経済成長には、工学系の知識や技術を要する人物が大きく寄与した。これは、産業別の人口や生産高の推移を見れば明らかだ。

たとえば、朝鮮戦争のあった一九五〇年の全就業者に占める産業別割合を見ると、第一次産業（48・3％）、第二次産業（21・9％）、第三次産業（29・7％）だった。これが一九七〇年になると、第一次産業（19・3％）、第二次産業（34・1％）、第三次産業（46・5％）となる。

また、国内生産に占める産業別割合で見ると、一九五〇年は、農林水産業（26・0％）、鉱工業（27・7％）、建設業（4・0％）、電気・ガス・水道・運輸・通信（7・4％）、商業・金融・不動産・サービス・公務（34・9％）であった。これが一九七〇年には、農林水産業（7・8％）、鉱工業（31・2％）、建設業（7・4％）、電気・ガス・水道・運輸・通信（8・0％）、商業・金融・不動産・サービス・公務（45・8％）となっている。

就業者の人口は、第一次産業が急減し、その分《ぶん》が第二次産業と第三次産業に振り分けられたことがわかる。

また、大きく伸びているのは商業・サービスだが、就業者の割合と国内生産に占める割合を比べると、第二次産業を鉱工業と建設業、それに電気・ガス・水道・運輸・通信も含めて考えた場合、第二次産業のほうが少ない就業者でより高い生産を生み出しているのがわかる。そして、この分野に工学部出身者の多くが散らばって、日本経済の成長を下支《したざさ》えしたわけである。

「ジャパン・アズ・ナンバーワン」世代

すでに見てきたように太平洋戦争前の工学系技術者の増員は、軍関係の需要増があったことは否《いな》めない。東大第二工学部も、その路線上での創設だった。

戦後は、この戦時中に増強した工学系技術者が工学系産業に身を投じることで、日本経済の発展に大いに貢献することになった。ある意味で、これは宮崎正義ら日満財政経済研究会に先見《せんけん》の明《めい》があったと言えるのかもしれない。

右の観点で、東大第二工学部を見てみよう。一期生の卒業は敗戦前の一九四四（昭和十九）年九月末だった。二期生以降の卒業は敗戦後である。もし、学徒出陣で出征していたならば、生き長らえることができた者はけっして多くなかったであろう。

しかし、運命のなせる業《わざ》か、工学部の学生には徴兵延期の特例があった。一命をとりとめた彼らは、年長でも20代半ばになるかならないかであり、その若々しい知識や技術が戦後の復興に集結されたのだ。これは、日本にとっては不幸中の幸いの出来事であり、日本経済発展の隠れた一因になったと言えるのではないか。

実際、第二工学部卒業生の多くが実業界や教育界、研究界で功成《こうな》り名《な》を遂《と》げることになる（図表4）。ここまで何度か触れてきた、富士通社長の山本卓眞や日立製作所社長の三田勝茂は、その好例ということになろう。

ちなみに、両人は同じ年に社長に就任することで話題になったわけだが、その可能性が低かったわけではない。

というのも、大企業の場合、一般に「社長適齢期」がある。最近は早まる傾向があるかもしれないが、55歳から59歳までを社長適齢期とすると、平均は57歳である。第二工学部

図表4 第二工学部出身の主な経営者

氏名	卒業	企業名	役職
赤阪　忍	1944年	赤阪鐵工所	社長
石井泰之助	1950年	三井造船	社長
石井善昭	1951年	日本電気	副社長
石川六郎	1948年	鹿島建設	社長、会長
石丸典生	1951年	日本電装(現・デンソー)	社長
稲葉清右衛門	1946年	ファナック	社長、会長
梅田健次郎	1944年	鹿島建設	副社長
淡河義正	1946年	大成建設	会長
神山　士	1944年	日本電池(現・ＧＳユアサ)	常務
亀山三平	1949年	三菱電機	常務
岸田寿夫	1945年	大同特殊鋼	社長
金馬昭郎	1951年	京阪電気鉄道	社長
久米　豊	1944年	日産自動車	社長、会長
黒田彰一	1946年	黒田挟範製作所(現・黒田精工)	社長、会長
近藤健男	1944年	三菱商事	社長
権守　博	1949年	日立工機	社長、会長
妻藤達夫	1944年	住電オプコム	社長、会長
芹沢良夫	1944年	日本自動変速機(現・ジヤトコ)	社長、会長
高橋浩二	1945年	鉄建建設	社長、会長
高橋武光	1949年	大日本インキ化学工業(現・ＤＩＣ)	社長
田代　和	1949年	近畿日本鉄道	社長、会長
内藤明人	1948年	リンナイ	社長、会長
能川昭二	1950年	小松製作所	社長
藤木勝美	1949年	日本ビジネスコンサルタント(現・日立システムズ)	社長
藤田　温	1947年	クラボウ	社長、会長
町田良治	1945年	三井建設(現・三井住友建設)	社長、会長
三田勝茂	1949年	日立製作所	社長、会長
宮崎　明	1946年	鹿島建設	社長
宮崎　仁	1944年	アラビア石油	社長
村田　一	1948年	昭和電工	社長、会長
森園正彦	1949年	ソニー	副社長
八木直彦	1947年	日本製鋼所	社長
山口開生	1948年	日本電信電話公社(現・日本電信電話)	社長、会長
山田　稔	1944年	ダイキン工業	社長、会長
山本卓眞	1949年	富士通	社長、会長
渡辺守之	1945年	マツダ	会長

※50音順

の卒業生は、一九四四年から一九五一年が卒業年であり、卒業時の年齢を22歳とすると、35年後に社長適齢期に達する。つまり一九七九年から一九八六年の間である。山本と三田の社長就任は一九八一年だから、この期間にぴたりとあてはまる。

要するに、最高学府東大という出自や卒業時の年齢、さらに上り調子の工学系産業を念頭に置けば、第二工学部卒業者はたとえ社長に就任していないとしても、右に示した期間に、高い社会的地位を獲得する可能性がきわめて高かったと言えるわけだ。

また、彼らが高い社会的地位を獲得する時期と、エズラ・F・ヴォーゲルによる「ジャパン・アズ・ナンバーワン」が流行語になる時期とが重複している点にも注目したい。つまり東大第二工学部の卒業生は、敗戦後の日本が飛躍的に復興する、その原動力となった。言うならば、第二工学部卒業生はこの時代を背負って立った「ジャパン・アズ・ナンバーワン」世代とも呼べる層に属しているのだ。

二工卒業生とコンピュータ産業

ここからは、第二工学部出身者が各産業とどのようにかかわり、活躍したかを見ていきたい。まずは、コンピュータ業界である。

山本が社長を務めた富士通と三田が社長を務めた日立製作所は、ともに電気機器分野を事業領域とし、コンピュータでもライバル関係にあった。富士通は戦前、逓信省の電話関係ビジネスを主力にしていた。ライバル企業としては日立製作所が別格の首位で、日本電気、沖電気と続き、富士通は〝万年《まんねん》四番手〟であり、これが戦後も続いた。

富士通では、日本電信電話公社（逓信省から分離。略称・電電公社、現・日本電信電話、略称・NTT）に頼らない新規ビジネスとしてコンピュータに賭《か》け、このコンピュータ事業立ち上げの中心人物となったのが、「天才」の名をほしいままにした池田敏雄《いけだとしお》（東京工業大卒）である。池田は将来の社長と目《もく》されながら、51歳でこの世を去る。その池田に鍛えられたのが、山本だった。

いっぽうの三田も、コンピュータとのかかわりは古い。三田は日立製作所に入社後、アメリカのゼネラル・エレクトリック（略称・GE）に重電関係の技術研修講座を受けるため、渡米した経験がある。一九五八（昭和三十三）年のことだ。三田はこの研修講座とは別にコンピュータ・プログラムという教育コースがあるのを知り、出張期間を延長して、同講座を受講している。

　これは、日立製作所が発電所をコントロールする配電盤や製鉄所の生産管理へのコンピュータ利用を模索して、試作機を開発していた時期と重なる。しかし、事業としては軌道に乗らず、帰国した三田はやがてコンピュータ事業の立て直しを命じられ、これを見事に黒字化させるのである。

　この三田に続いて日立製作所のコンピュータ事業を担当したのが、電気工学科出身で、しかも山本や三田と同期の藤木勝美である。藤木は正規採用で日立製作所に入社しており、三田に先んじていた。日立製作所の専務まで昇進した藤木は、やがて日本ビジネスコンサルタント（略称・NBC、現・日立システムズ）の社長に就任する。

　コンピュータ分野ではないものの、彼らと同じ電気工学科の同期生に森園正彦がいた。森園は三田と同じ年に旧制都立高校を卒業し、一九四五年に造兵学科に入学、同学部の廃止にともない、電気工学科に転籍している。

　一九五三年に東京通信工業（現・ソニー）入社後の森園は、テレビ報道用の小型ビデオカメラとビデオテープレコーダーを用いたシステムを開発するなど、放送機器ビジネスを立ち上げ、その功労者として副社長になる。一九九一(平成三)年には放送業界への貢献により「放送界のアカデミー賞」と言われるエミー賞を受賞している。技術開発分野の個人受賞ははじめてのことだった。

話をコンピュータに戻すと、激しいライバル関係にあった富士通と日立製作所は、のちに国の斡旋もあり提携することになる。彼らの対抗軸のひとつが日本電気なのだが、ここにも日本のコンピュータ史で忘れてはならない電気工学科出身者がいる。石井善昭《いしいよしてる》である。

石井は一九五一年三月、最後の卒業生として第二工学部を卒業した。主任教授はあの星合正治である。石井は「君だったらどこの会社でも行ける」と太鼓判《たいこばん》を押されたという。学業では、山本卓眞や三田勝茂よりもよくできたようだ。

石井は卒業してすぐに日本電気に入社すると、日本初のパラメトロン大型コンピュータの開発を手始めに、同社の情報処理事業を推進する。一九八二年には、のちに「国民機」とまで呼ばれたパソコン「PC-9800」を世に出した。日本のパソコン市場を長らく牽引《けんいん》した功労者でもある。その後、一九八七年に日本電気副社長に就任し、一九九一年に電子計測器メーカーのアンリツの社長に就いている。

二工卒業生と自動車産業

日本の経済発展には、自動車産業は欠かせない存在だった。工学技術が必須となるこの業界で、東大第二工学部出身者が活躍していないはずがない。その好例は、ともに日産自動車に入社した久米豊と芹沢良夫だろう。

前述のように、両人はいずれも第二工学部の一期生で、一九四二（昭和十七）年四月に入学し、一九四四年九月に卒業している。久米は航空原動機学科、芹沢は機械工学科の出身である。ふたりはそろって海軍の浜名海兵団に入り、技術中尉として任地に散った。

終戦後、久米は軍の残務整理をして郷里に戻った。しかし、仕事がなく、翻訳の仕事などをしながら食いつなぎ、一九四六年四月に日産自動車に就職する。日産では資材管理や生産計画など生産管理分野で頭角を現わした。一九八五年に社長に就いた久米は、一世《いっせい》を風靡《ふうび》した日産の高級車「シーマ」を市場に投入する。

いっぽう、芹沢は終戦後、教室主任教授の兼重寛九郎にすすめられて大学に戻るも、軍人の公職追放で学校を去る。職を転々としたあと、一九四八年十一月に日産自動車に入社した。その後フルブライト留学生としてミシガン大学大学院修士課程を修了し、安全研究部長などを経て、一九七五年に系列会社の日本自動変速機（現・ジヤトコ）の社長に就任したことはすでに述べた。芹沢は社長就任後、同社の売上を10倍にしている。

また、久米が日産自動車社長時代の一九九一（平成三）年に、副社長に就任した丸茂長幸《まるもながゆき》も、第二工学部の出身である。丸茂は一九五一年に機械工学科を卒業し、東京瓦斯電気工業を経て、一九五九年に日産自動車に入社している。

もちろん、第二工学部出身者が活躍したのは日産自動車だけではない。そのひとりにマツダの会長を務めた渡辺守之がいる。渡辺は一九四五年九月に航空原動機学科を卒業し、一九四六年二月に東洋工業（現・マツダ）に入社した。設計部長などを経て、社名がマツダに変わった一九八四年の十一月に会長に就任している。

石丸典生《いしまるつねお》も、自動車産業と関係の深い第二工学部出身者だ。石丸は、トヨタ自動車工業から分離独立した日本電装（現・デンソー）のトップに立った人物である。

機械工学科に一九四八年に入学した石丸は、最後の卒業生として一九五一年に第二工学部を卒業する。日産の丸茂とは同学科の同期である。しかし、石丸は結核のために卒業してすぐには職に就かず実家で養生《ようじょう》し、そのあと生産技術研究所の研究員として過ごしている。その後、一九五六年にオート三輪の大手である日本内燃機製造に勤めたあと、東京発動機（現・トーハツ）、一九六二年に日本電装へと転職する。

石丸は国民車「パブリカ」のヒーター開発主任を経て、冷暖房機器開発の責任者となった。世《よ》はカークーラーの需要が鰻《うなぎのぼ》上りになる時代だった。日本電装のカークーラーがやがて世界市場の4分の1を占めるに至ることは、石丸のキャリア形成に大きな影響をおよぼした。一九八九年に副社長、さらに一九九一年に社長に就任している。

日本電装を単なる自動車の部品メーカーではなく、自動車のキーデバイスを製造する有力企業に育て上げた人物として、石丸は現在に名を残している。

二工卒業生と部品産業

電気機器にせよ自動車にせよ、製造ラインには自動生産装置いわゆるオートメーションが欠かせない。このオートメーション・メーカーとして世界に名を轟かせる企業にファナックがある。

同社で長くトップの座に君臨し「天皇」とも呼ばれた稲葉清右衛門は、一九四三（昭和十八）年に第二工学部造兵学科に入学した。一九四六年に造兵学科から転科した精密工学科を卒業し、同年に富士通信機製造（現・富士通）に入社している。だから、稲葉はのちに同社社長になる山本卓眞の先輩にあたる。また、天才・池田敏雄とは同期である。

稲葉は富士通で数値制御装置（ＮＣ）の研究に従事し、一九五六年に日本ではじめて開発に成功する。一九七二年、ＮＣ部門が富士通より分離して富士通ファナック（現・ファナック）が設立されると、稲葉は同社専務に就任し、一九七五年に社長になる。翌一九七六年には早くも東証二部に上場し、以後、ファナックの快進撃は続き、稲葉は一代でファナックを世界トップのＮＣメーカーに育て上げる。

この稲葉と「よく飲み歩く仲」だったという黒田《くろだ》彰一《しょういち》も、数値制御装置と同様、産業界の裏方《うらかた》で活躍する器具の製造で、日本の経済発展に貢献した人物である。黒田は一九四三年十月に、造兵学科に三期生として入学した。稲葉と同期であり、卒業実験も一緒にする仲だった。黒田が特異だったのは、大学入学時に早くも社長だった、という事実だろう。

黒田は黒田挟範《きょうはん》製作所（現・黒田精工）の創業者黒田三郎《さぶろう》の長男として生まれた。「挟範」とは「ゲージ」の訳語で、標準寸法を測定するための器具である。黒田挟範製作所は日本最初のゲージ会社であり、その御曹司《おんぞうし》が黒田彰一だった。

一九四一年、黒田が旧制高校に入学したその年に父親の三郎が急逝《きゅうせい》する。日中戦争が長引く当時、軍需品の製造にゲージは必須であり、黒田挟範製作所は軍需工場に指定されていた。社長不在を理由に、軍部からトップを送り込まれてはかなわない。学生の身分で黒田が社長に就任したのは、このような理由からだった。

黒田は一九四六年三月、造兵学科の後身である精密工学科を卒業すると、軍需工場のため生産停止となっていた会社の再建に取り組む。錆《さ》びた鉄を電極にした塩作り、バリカンの刃《は》の研磨《けんま》、ニクロム線を巻いたヒーターの製造など、できることは何でもした。やがて自転車用のゲージの注文が舞い込むのだが、それ以降はゲージを通して日本経済の発展を実感する。

「自転車は部品点数から言うと数十点、十の一乗の桁《けた》ですね。それがミシンになり一〇の二乗の桁になる。さらに一桁増えると自動車です。ゲージの需要を通じ、機械工業が立ち上がっていく様子を実感することができました」という黒田の言葉は、日本がジャパン・アズ・ナンバーワンに至る道を端的に示しているように思える。

第二工学部の卒業者には、黒田と同様、著名企業を継いだ人物がほかにもいる。たとえば、山田稔もそのひとりだ。山田は第二工学部一期生として航空原動機学科に入学している。久米豊と同期生である。一九四四年に卒業し、一九四六年に父親である山田晁《あきら》が創業した大阪金属工業に入社した。同社はのちのダイキン工業であり、やがて空調事業で世界トップの企業になる。山田稔は一九七二年に同社3代目社長に就任している。

内藤明人は一九四八年に機械工学科を卒業した。内藤の父秀次郎《ひでじろう》は、一九二〇（大正九）年に名古屋瓦斯（現・東邦ガス）の同僚だった林兼吉《はやしけんきち》とともに、ガス器具を扱う林内《りんない》商会を共同で設立する。同社は、現在のリンナイである。創業者それぞれの頭文字を取ったものが社名になっている。内藤明人は卒業とともに同社に入社し、一九六六年に社長に就任している。

二工卒業生と原子力産業

次に、原子力の平和利用に目を向けたい。この分野でも多くの第二工学部卒業者が活躍しており、原子力はジャパン・アズ・ナンバーワンの文字通り原動力のひとつである。

原子力の平和利用は、一九五三（昭和二十八）年にあった国際連合総会で、アメリカ大統領ドワイト・D・アイゼンハワーが、「平和のための原子力（Atoms for Peace）」を訴《うった》え、これを契機に、各国が研究を推進することになる。

日本でもこの流れに乗じて一九五五年十二月十九日に「原子力基本法」が成立する。これは原子力を平和利用に限ったうえで、原子力委員会や原子力開発機関の設置など、国における原子力利用の基本方針を定めたものだ。

この一九五五年は、国内政治では自由党と日本民主党が合同して、自由民主党が結成された年でもある（保守合同）。これにより与党・自民党対野党・社会党という五五年体制が成立する。

この自民党結党の一九五五年十一月十五日、同党では立党宣言とともに、党の政綱を明らかにした。この政綱にある「三、経済自立の達成」内の1項目として「原子力の平和利用を中軸とする産業構造の変革に備え、科学技術の振興に特段の措置を講じる」がある。原子力基本法は明らかにこの流れに沿ったものである。

政府では、茨城県東海村《とうかい》に日本原子力研究所（現・日本原子力開発機構）を設けて、研究用原子炉《げんしろ》第一号の建設を始める。そして一九五七年八月二十七日、実験炉に日本最初の「原子の火」が灯《とも》った。

この東海村研究用原子炉第一号の建設は、ゼネコン大手の鹿島建設が請け負った。同社では原子力分野への進出に意欲的で、早くから原子力室を設けていた。のちに同社社長になる石川六郎も、将来の日本に原子力利用が欠かせないと考えるひとりだった。

石川は一九四八年に土木工学科を卒業すると、運輸省（現・国土交通省）に入省し、以後、戦後の鉄道網復興に汗を流す。この石川に縁談が持ち上がった。相手は鹿島の中興の祖鹿島守之助《かじまもりのすけ》の二女ヨシ子である。最初は躊躇《ちゆうちよ》した石川だが、一九五三年に結婚する。「鹿島建設には入らない。自分の進路は自分で決める」が、結婚の条件だったという。

しかし、やがて周囲から移籍の声が強くなり、石川は一九五五年一月に鹿島建設に入社する。日本の原子力元年とも言える原子力基本法が成立した年だ。

翌一九五六年、石川は原子力産業視察団に参加して欧米を巡回する。この視察が「私の人生に様々な影響を与えることになる」と本人が書くように、以後、石川は日本に原子力の平和利用が不可欠だと考えるようになり、鹿島建設における原子力分野の推進役になった。

いっぽう、東海村研究用原子炉第一号の建設にあたり現場主任を命じられ、日本ではじめて放射線遮蔽《しやへい》用コンクリートを作ったのが梅田健次郎である。第二工学部の一期生として入学し「千葉に行ってみたら畑ばかり。がっかりしてね」と漏らした、あの人物だ。梅田は一九四四年九月に建築学科を卒業し、すぐに浜名海兵団に入隊した。所属はのちに日産自動車に就職する芹沢良夫と同じ六〇一分隊だった。一九四六年、先輩からの誘いで鹿島建設に入社する。だから、大学および会社とも梅田は石川の先輩にあたる。

東海村研究用原子炉第一号の完成を見たあと、鹿島建設では本格的な原発の第一号となる東京電力福島第一原子力発電所など、日本における原発建設工事の半分以上を手がけることになる。その中心にいたのが梅田である。一九八八年に梅田は鹿島建設の原子力担当副社長に就任している。

なお、石川が同社社長に就任するのは一九七八年のことだ。その後、一九八四年に社長を退任して会長になったあと、鹿島家の鹿島昭一《しょういち》が後任の社長になる。さらに一九九〇（平成二）年には宮崎明《みやざきあきら》が社長に就任するのだが、彼は一九四六年に第二工学部土木工学科を卒業して国土庁（現・国土交通省）に勤めたあと、鹿島に入社した人物である。

瀬藤象二が熱意を注いだ、原子力の平和利用

第二工学部出身者で原子力の平和利用に携《たずさ》わったのは、鹿島に入社した人物だけではない。村田一は一九四五（昭和二十）年四月、航空機体学科に入学した。しかし、終戦後に航空機体学科は廃止となったため、物理工学科を一九四八年に卒業した。

就職先は森矗昶《もりのぶてる》が創業した昭和電工である。「矗昶」とはなんとも難しい漢字であるが、「矗《ちく》」には「長くまっすぐのびる」、「昶《ちょう》」には「久しい、のびやか」の意味があり、「森がながくまっすぐ永遠にのびるように」という願いからつけられたという。

森矗昶は森コンツェルンの創業者で、森コンツェルンの中心企業が昭和電工である。昭和電工は、化学肥料やアルミニウムの生産を柱とした。国産のアルミニウムは昭和電工が

日本ではじめて量産に成功している。これが一九三四年のことだ。アルミニウムは航空機の材料に欠かせない。軍部高官は、森によるアルミニウムの国産化がなければ開戦の決心はつかなかった、と漏らしたと言われる。

それはともかく、村田は実家のある松本《まつもと》に近いことを理由に、長野県大町《おおまち》にある昭和電工大町工場への配属を希望した。これが村田を原子力の世界に引き込むことになる。というのも、大町工場では黒鉛《こくえん》電極を製造していたからだ。人造黒鉛電極は電気製鋼炉《こうろ》の鍵となる部材で、電極から出る大電流のアーク放電で鉄のスクラップを溶解して鋼を生産する。その際、人造黒鉛電極の温度は３０００度にも上昇するという。この黒鉛がやがて原子炉にも欠かせない部材となるのだ。

原子力基本法が成立すると、昭和電工では、政府からの依託で原子炉向けの良質な黒鉛の研究が始まる。村田はこの研究に従事することで、原子炉の仕事に身を投じたわけだ。一九七〇年頃になると、昭和電工の電極は世界に輸出されるようになるとともに、国内トップメーカーの地位を占める。村田が製造部長や工場長を経て、昭和電工社長になるのは一九八七年のことである。

写真6 退官後の瀬藤象二

東大生産技術研究所を退官後、東京芝浦電気専務に就任した瀬藤象二（右）と同社社長石坂泰三《いしざかたいぞう》（左）。1952（昭和27）年頃

（『瀬藤象二先生の業績と追憶』より）

ところで、本書では第二工学部の開学と閉学、さらには生産技術研究所の創設に汗をかいた瀬藤象二について、たびたび触れてきた。その瀬藤も、原子力の平和利用と深い関係を持っている。

一九五一年三月三十一日、第二工学部が閉学となるとともに、瀬藤が東大を退官したことはすでに述べた。東大在職は36年であった。同年四月、瀬藤は東京芝浦電気（現・東芝）に入社し、その年の内に専務に就任している（写真6）。

当時の東芝社長は同社再建で辣腕を振るい、のちに経団連会長に就任する石坂泰三であある。その頃の東芝には副社長ポストがなく、専務は社長の次に相当する。いかに東芝が三《さん》顧《こ》の礼《れい》で瀬藤を迎え入れたことがわかるだろう。

石坂が瀬藤に託《たく》したのは、技術の自立化である。「君等は蟬《せみ》のようにジーイージーイーというが、GEがなければ製品は作れないのか」というのが石坂の口癖《くちぐせ》だった。もちろんGEとはゼネラル・エレクトリックのことで、東芝はGEから多くの技術供与を受けていた。石坂は技術面における脱GEを瀬藤に託したのである。その有力分野が原子力だった。

瀬藤は原子力発電用機器の開発に熱意を注ぎ、一九五六年、東芝は瀬藤の進言で原子力事業開発部を設けた。同部長に就任したのは、言い出した瀬藤である。瀬藤は同年の原子力産業視察団に参加しているが、これは石川六郎も参加した原子力産業の欧米視察団である。旅の道すがら、ふたりで第二工学部の思い出話に花を咲かせたかもしれない。

その後、瀬藤は石坂に対して、東芝を中心に三井系40社で作る会社の設立を進言し、一九六六年には東芝専務兼任で日本原子力事業株式会社社長に就任している。このように現在、原子力事業で先端を行く東芝に対する瀬藤の貢献はきわめて大きかったのである。

二工卒業生と宇宙産業

宇宙開発は、これからの成長分野として大きな期待を集めている。最後に、第二工学部の関係者と宇宙開発について見ておきたい。ちなみに、宇宙開発は原子力とも深い関係がある。

すでに見たように、東大生産技術研究所は第二工学部の後継として一九四九（昭和二十四）年五月三十一日に正式に開所した。元・第二工学部物理工学科教授で生産技術研究所に移った糸川英夫は一九五四年、仲間に声をかけて研究所内にＡＶＳＡ（＝Avionics and Supersonic Aerodynamics／航空および超音速空気力学）研究班を設ける。これが、戦後日本における最初のロケット研究の核になるばかりか、以後、生産技術研究所は宇宙開発の拠点のひとつになるのである。当時、生産技術研究所長だった星合正治に、糸川はこう言ったという。

「アメリカはすでにロケットの時代に入りつつあります。われわれもロケット機をやりましょう。ジェット機と違って空気のない所でも安定して飛べるロケットで、宇宙を自由に飛び回りましょう」（的川泰宣《まとがわやすのり》著『やんちゃな独創――糸川英夫伝』）

このＡＶＳＡ研究班が第一歩として実施したのが直径18㎜、長さ２３０㎜、重さ約２００ｇしかないペンシルロケットの開発である。第二工学部電気工学科教授で糸川と同じく生産技術研究所に移籍した高木昇は、開発における糸川のよき相棒であった。

ペンシルロケットは一九五五年に水平試射に成功した。これは原子力基本法が成立した「原子力元年」と時を同じくするが、この年は「宇宙開発元年」と言えるかもしれない。

生産技術研究所におけるロケット開発は、東京大学宇宙航空研究所、文部省宇宙科学研究所を経て、科学技術庁の宇宙開発事業団、航空宇宙技術研究所と統合してできた宇宙航空研究開発機構（ＪＡＸＡ《ジャクサ》）に受け継がれることになる。

物理工学科を一九四七年に卒業した山野正登が、佐藤栄作に直談判して商工省に入省する話を第五章で述べた。山野は入省後、国産飛行機「ＹＳ-11」の開発に参画するなど、行政面から航空機開発に従事した。

そして一九八九（平成元）年、ＪＡＸＡの前進である宇宙開発事業団の第５代理事長に就任し、「H−II」ロケットの打ち上げを成功させている。山野は第二工学部出身者ではあるが、生産技術研究所とは別経路で宇宙開発に携わった人物と言える。

ところで、先に宇宙開発は原子力とも関係があると述べた。この点に関して、二〇〇八年にノーベル物理学賞を受賞した益川敏英《ますかわとしひで》が、次のように述べている。

「原発に反対する人でも、ロケット打ち上げには手放しで喜ぶのではないでしょうか。宇宙開発でロケットを打ち上げ、太陽系の惑星のギリギリのところまで飛ばして、いろいろな未知のデータを取ってくる。実は惑星探査機には放射性物質が使われているものがあります。科学者の目から見れば、その仕組みに関してはなかなかうまい方法だと思うのですが、一般の人々はそういうことは知りません。もっとも、打ち上げる方《ほう》もそんなことはあまり大きな声では言いませんから、反対運動も起こりませんでした」（益川敏英著『科学者は戦争で何をしたか』）

益川が「惑星探査機には放射性物質が使われているものがあります」と言うのは、原子力電池を搭載した惑星探査機を指しているのだろう。人工衛星の電源供給では、太陽光を用いるのが一般的だ。しかし、超長距離になると太陽光の供給は困難なため、原子力電池を利用する。もちろん打ち上げに失敗した場合、放射性物質が拡散するリスクはある。

ちなみに、第二工学部教授で生産技術研究所の所長も務めた兼重寛九郎は、JAXAの前身のひとつである航空宇宙技術研究所のさらに前身である航空技術研究所の初代所長を務めた。兼重は原子力委員としても名を連ねたが、その理由は宇宙開発と原子力の密接な関係に起因するものであろう。

第二工学部が問いかける、現在の課題

このように、たった9年間しか存在しなかった東大第二工学部は、日本の経済成長を支えた多くの才能を輩出した。とはいえ、第二工学部卒業生ばかりが優秀だったわけではない。同時期に東大第一工学部を卒業した人材にも、その後社会で活躍する人物が多数いた(図表5)。

日本鉱業社長で、その後ジャパンエナジー(現・JXホールディングス)の会長を務めた笠原幸雄《かさはらゆきお》、西日本鉄道社長大屋麗之助《おおやれいのすけ》、三菱重工業社長を経てのちに会長に就任した飯田《いいだ》庸太郎《ようたろう》、東芝の社長および会長を務めた青井舒一《あおいじょいち》、さらには三菱金属社長および三菱マテ

図表5 第一工学部、第二工学部出身の経営者数

	1971年	1974年	1977年	1980年	1983年	1986年	1989年	1992年	1995年
一工役員	78	178	313	402	445	398	253	156	69
二工役員	67	148	276	378	430	357	231	141	79
合計	145	326	589	780	875	755	484	297	148
一工社長	0	2	4	7	21	41	51	29	14
二工社長	3	2	6	12	29	48	56	37	13
合計	3	4	10	19	50	89	107	66	27

※上場企業のみ

(『東京大学第二工学部の光芒』より)

リアル初代会長のほか日経連会長も歴任した永野《ながの》健《たけし》などなど、実業界の大物がきら星のごとく並ぶ。

そもそも、戦時中の第一工学部と第二工学部の能力が均等になるように振り分けられていたことを思い出してもらいたい。この点を前提に、第一工学部および第二工学部の出身者の活躍を見るにつけ、やはり東大は優秀な人材を輩出するのだと結論づけなければならないだろう。

では、なぜ今、第二工学部なのか。現代における第二工学部の意味とは何か。

思うに、兵器と大学、あるいは人との関係ではないか。科学と倫理の問題と言い換えてもよい。

第二工学部の蔑称が「戦犯学部」であることは

すでに述べた。しかし第二工学部を「戦犯学部」と呼ぶならば、東大の第一工学部をはじめ戦争に協力した大学の学部すべてを「戦犯学部」と呼ばなければならない。

そもそも、殺人兵器を率先して作れば「戦犯」の汚名を着せられてもしかたがない。しかし、それが人を守るための道具だったとしたら――。

この問題が微妙で難しいのは、道具にはローマの神ヤヌスのような二面性があるからだ。たとえば、包丁は食材を切る道具だが、人を殺《あや》める道具にもなり得る。ノーベル賞を非難する人はいないだろう。しかし、アルフレッド・ノーベルが発明したダイナマイトは人類の発展に貢献する反面、多くの人命を奪ってきた。

また、インターネット通販サイトのアマゾンは現在、「ドローン」を使った宅配事業を試行している。しかし、ドローンを利用して、爆弾をピンポイントで敵の施設に投下することができるかもしれない。

このように二面性を持つ道具をいずれの面で利用するかは、それを利用する人間の倫理にかかわっている。この問題は、研究者や大学人である以前に、ひとりの人間として問われる。

本書執筆と時を同じくして、防衛省が公募していた「安全保障技術研究推進制度」の研究費支給先が決定した。同制度は、安全保障にかかわる技術提案を広く外部の研究者から募《つの》り、すぐれた研究に対して防衛省が研究費を提供するもので、二〇一五（平成二十七）年度から始まった。得られた研究成果は防衛省が行なう研究に活用するとともに、委託先を通じて、民間分野での活用も促す。いわゆるデュアルユースを視野に入れた研究開発助成制度である。

今年度は、大学や研究機関から１０９件の応募があり、そのなかから防衛省は９件を採択した。採択されたものには「光を吸収して周囲から見えなくする特殊な物質」（理化学研究所）、「２機の無人飛行機に搭載し、移動体を探知する高性能レーダー」（東京電機大学）、「可搬式《かはんしき》超小型バイオマスガス化発電システム」（東京工業大学）などがある。

第三章でも触れたように、デュアルユースとは平和利用および軍事利用の双方を念頭に置いたものを指す。難しいのは、軍事利用が即座に戦争利用になるとは限らないということだ。国民を守るため、愛する人を守るための専守防衛を目的としたものも、軍事利用に含まれる。はたして、これは「悪」だろうか。

デュアルユースを前提にした研究が広がるなか、今後、大学は倫理面でより難しい選択を迫られるのは明らかだろう。その際に、それが人を攻撃するためのものか、人を守るためのものなのか、あるいは人の生活をよりよくするためのものなのか——この問いに答えることは、重要な意思決定を下す際の判断基準のひとつになるのではないか。

東京大学第二工学部関係者で兵器に関与した人たちも、きっと同じ問いを自問したに違いない。

おわりに

本書の第三章で「東京帝国大学第二工学部講義要目」について触れた。私の手元には、一九四二（昭和十七）年十月版と一九四三年十月版の2冊、それに一九四二年十月版の「東京帝国大学第一工学部講義要目」が1冊ある。

ページを捲《めく》ると、いずれの冊子にも当時の学生が記したと思われるメモやチェックマーク、アンダーラインがある。たとえば一九四二年十月版の第二工学部講義要目には、科目番号の分類について記す凡例《はんれい》のページで100番台と1100番台にアンダーラインが引いてある。

本文で紹介したように、100番台は一般共通科目、1100番台は冶金学科所属科目だ。1100番台の講義要目のページを見ると、手書きした①や②などの数字やチェックマークがある。この講義要目を所有していたのは、冶金学科の学生に違いない。

また、一九四三年十月版の第二工学部講義要目を見ると、1000番台の応用化学所属科目の講義概要に多数のチェックマークがある。こちらは、応用化学科の学生が所有していたもののようだ。

ところで、後者の講義要目の裏表紙に鉛筆書きの筆算《ひっさん》があるのに気がついた。「95」「78・5」「11」とあり、横線を1本引いて「184・5」とある。さらに、その下に「50」と記し、横線をもう1本引き「234・5」と書いてある。

これはもしかして――。

本文で述べたように、当時の東大第二工学部では卒業に必要な単位が必須科目、講義、実験、実習で180単位、卒業論文50単位、合わせて230単位だった。筆算はこのことを示しているのではないか。

つまり一回生「95」単位、二回生「78・5」単位、三回生「11」単位を取れば、計「184・5」単位になる。これに論文「50」単位を加えれば、合計「234・5」単位と、見事卒業に必要な単位数に到達する！

70年前の東大生も単位の計算をしていたのである。

この数字を見ていたら、自分の大学時代を思い出してしまった。私の場合、遊び呆《ほう》けていたから、必要単位を取るのにどれほど苦労したことか。懐《なつか》しくなったので、当時の講義要目を探したが、残念ながら見つからなかった。代わりに、大学4年間の成績表（正式名称は「成績原簿」）が出てきた。

この成績表はB4用紙で、右上に私の名前と学生番号「1A0344-9」が印字してある。分野ごとに科目が列記してあり、A～Dの判定がある。さらに最下部には「総計（要卒）」とあって「単位数」が「138」とある。つまり、卒業には138単位が必要だったのであろう。一回生時の私は7教科を落とし、取得単位はわずか「22」単位である。この調子でいけば4年間で138単位どころの話ではない。6年でも卒業できない。

情けないのは二回生および三回生の成績表である。まず二回生時の成績表だが、こちらには三回生と四回生でどの程度の単位を取れば卒業できるのか、手書きで数字を記して詳細にシミュレーションしている。さらに三回生の成績表では、手書きシミュレーションはもちろんのこと、70年前の東大生と同様、筆算による単位計算まであった！

当時の私は、大学が嫌で嫌で、いかに出席せずに単位を取るか、そのことに賭けていたような気がする。しかし、諸先生が嫌いだったわけではない。ほとんどお話しする機会はなかったが、ゼミでお世話になった西川富雄《にしかわとみお》先生（専門はドイツ哲学、のちに立命館大学名誉教授）には感謝の気持ちで一杯だし、先生の著作『現代とヒューマニズム』（一九六五年、法律文化社）は目の前の書棚に今もある。

私の息子が、当時の私と同じ年代になった。息子も大学が嫌いのようだ。私がそうだったように、大学を出て10年もすれば、必ずもう一度勉強がしたくなる。だから現役の大学生のうちに勉強をしておけ、と息子には言っている。しかし、過去の私の行状を知っている息子にはあまり説得力がないようだ。

話があらぬ方向に向いてしまった。本書はもともと、祥伝社新書編集部の飯島英雄氏の企画から始まったものである。飯島さんには資料収集にも奔走してもらった。また今回の出版でも水無瀬尚編集長に大変お世話になった。執筆の場を与えてくださったおふたりに、この場を借りて心よりお礼を申し上げたい。

二〇一五年十一月

神戸元町にて筆者識す

参考文献

書籍

碇義朗『海軍空技廠』光人社　一九九六年
石澤和彦『海軍特殊攻撃機 橘花』三樹書房　二〇〇六年
石原莞爾『世界最終戦論』立命館出版部　一九四〇年
一色尚次『B29より高く飛べ！』原書房　二〇一〇年
今岡和彦『東京大学第二工学部』講談社　一九八七年
エズラ・F・ヴォーゲル（広中和歌子・木本彰子訳）『ジャパン アズ ナンバーワン』TBSブリタニカ　一九七九年
大内兵衛『経済学五十年』上・下　東京大学出版会　一九五九年
大内兵衛『私の履歴書』河出書房　一九五五年
大山達雄・前田正史編『東京大学第二工学部の光芒』東京大学出版会　二〇一四年
小高健『長与又郎』考古堂書店　二〇一二年
海空会編『海鷲の航跡』原書房　一九八二年
海軍技術浜名会50周年記念誌編集委員会編『浜名風』海軍技術浜名会50周年記念誌編集委員会　一九九四年

岸信介『岸信介回顧録』廣済堂出版　一九八三年
小金芳弘『小金芳弘・戦中日記』東海大学出版会　二〇〇九年
小金芳弘『小金芳弘・戦後日記』東海大学出版会　二〇一〇年
小林英夫『「日本株式会社」を創った男』小学館　一九九五年
沢井実『近代日本の研究開発体制』名古屋大学出版会　二〇一二年
沢井実『帝国日本の技術者たち』吉川弘文館　二〇一五年
清水欣一『「日立」大変貌！』ＴＢＳブリタニカ　一九八九年
週刊朝日編『値段の明治・大正・昭和風俗史』朝日新聞社　一九八一年
鈴木勤編『日本人の１００年』15・16　世界文化社　一九七三年
瀬藤象二先生追憶記念出版会編『瀬藤象二先生の業績と追憶』電気情報社　一九七九年
第二工学部記念誌編集委員会編『未来に語り継ぐメッセージ――工学の曙を支えた技術者達』東京大学生産技術研究所　二〇一二年
第二工学部記念誌編集委員会編『未来に語り継ぐメッセージ――第二工学部の思い出』東京大学生産技術研究所　二〇一二年
立花隆『天皇と東大』①～④　文春文庫　二〇一二～二〇一三年
田中耕太郎『生きて来た道』世界の日本社　一九五〇年

谷一郎『飛行の原理』岩波新書　一九六五年
東京大学平賀譲研究会・呉市海事歴史科学館編『平賀譲――名軍艦デザイナーの足跡をたどる』呉市海事歴史科学館／文藝春秋　二〇〇八年
東京大学生産技術研究所編『東京大学第二工学部史』東京大学生産技術研究所　一九六八年
東京大学百年史編集委員会編『東京大学百年史　通史二』東京大学出版会　一九八五年
東京大学百年史編集委員会編『東京大学百年史　資料三』東京大学出版会　一九八六年
東京大学百年史編集委員会編『東京大学百年史　部局史三』東京大学出版会　一九八七年
東京帝国大学『東京帝国大学学術大観　工学部　航空研究所』東京帝国大学　一九四二年
東京帝国大学『東京帝国大学学術大観　総説　文学部』東京帝国大学　一九四二年
東洋経済新報社編『日本経済年報』第二十七輯（昭和十二年第一輯）東洋経済新報社　一九三七年
土志田征一編『戦後日本経済の歩み』有斐閣　二〇〇一年
鳥海靖編『歴代内閣・首相事典』吉川弘文館　二〇〇九年
内藤初穂『軍艦総長　平賀譲』中公文庫　一九九九年
中野明『戦後　日本の首相』祥伝社新書　二〇一五年
中野明『幻の五大美術館と明治の実業家たち』祥伝社新書　二〇一五年
蜷川壽惠『学徒出陣』吉川弘文館　一九九八年

日本経済新聞社編『私の履歴書 経済人34』日本経済新聞社 二〇〇四年
日本経済新聞社編『私の履歴書 経済人37』日本経済新聞社 二〇〇四年
橋本寿朗『戦後の日本経済』岩波新書 一九九五年
畑野勇『近代日本の軍産学複合体』創文社 二〇〇五年
半藤一利『昭和史 1926-1945』平凡社 二〇〇四年
半藤一利『昭和史 戦後篇 1945-1989』平凡社 二〇〇六年
益川敏英『科学者は戦争で何をしたか』集英社新書 二〇一五年
松岡久光『日本初のロケット戦闘機「秋水」』三樹書房 二〇〇四年
的川泰宣『やんちゃな独創――糸川英夫伝』日刊工業新聞社 二〇〇四年
丸山真男・福田歓一編『聞き書 南原繁回顧録』東京大学出版会 一九八九年
宮内嘉久『前川國男』晶文社 二〇〇五年
三和良一『概説日本経済史 近現代[第3版]』東京大学出版会 二〇一二年
三和良一・原朗編『近現代日本経済史要覧』東京大学出版会 二〇〇七年

雑誌ほか

「くろすな：卒業記念文集」東京大学第二工学部応用化学科第七回卒業生 一九五〇年

「くろすな：東京大学第二工学部応用化学科第七回卒業生　卒業四十周年記念文集」東京大学第二工学部応用化学科第七回卒業生くろすな会　一九九〇年
「景観・デザイン研究講演集」３号収録「東京大学第二工学部土木工学科における教育と環境／泉知行・中井祐」土木学会　二〇〇七年
「建築雑誌」昭和52年10月号収録「終戦前後の東大第二工学部で／白山和久」日本建築学会　一九七七年
「建築雑誌」昭和52年10月号収録「第二工学部の思い出／田中尚」日本建築学会　一九七七年
「生産研究」11巻５号収録「星合正治先生の還暦ご退官を記念して／藤高周平」東京大学生産技術研究所　一九五九年
「生産研究」11巻６号収録「生産技術研究所10年の歩み：附　第二工学部時代／福田武雄」東京大学生産技術研究所　一九五九年
「生産研究」21巻５号収録「第二工学部の思い出／福田武雄」東京大学生産技術研究所　一九六九年
「生産研究」48巻９号収録「第二工学部草創期の思い出／鈴木弘」東京大学生産技術研究所　一九九六年
「生産研究」64巻３号収録「第二工学部の思い出」東京大学生産技術研究所　二〇一二年
「生産研究」65巻２号収録「第二工学部の思い出／小金芳弘」東京大学生産技術研究所　二〇一三年
「東京帝国大学第二工学部講義要目」東京帝国大学　一九四二年
「東京帝国大学第一工学部便覧」東京帝国大学　一九四二年

「東京帝国大学第二工学部講義要目」東京帝国大学　一九四二年
「東京帝国大学第二工学部講義要目」東京帝国大学　一九四三年
「重要産業五ケ年計画要綱実施ニ関スル政策大綱（案）」日満財政経済研究会　一九三七年
「生産力拡充ニ伴フ技術者、熟練工及一般労働者補充計画」日満財政経済研究会　一九三七年
「日満重要産業五ケ年計画要綱及説明資料」日満財政経済研究会　一九三七年

人名索引

切りとり線

★読者のみなさまにお願い

この本をお読みになって、どんな感想をお持ちでしょうか。祥伝社のホームページから書評をお送りいただけたら、ありがたく存じます。今後の企画の参考にさせていただきます。また、次ページの原稿用紙を切り取り、左記まで郵送していただいても結構です。

お寄せいただいた書評は、ご了解のうえ新聞・雑誌などを通じて紹介させていただくこともあります。採用の場合は、特製図書カードを差しあげます。

なお、ご記入いただいたお名前、ご住所、ご連絡先等は、書評紹介の事前了解、謝礼のお届け以外の目的で利用することはありません。また、それらの情報を6カ月を越えて保管することもありません。

〒101-8701（お手紙は郵便番号だけで届きます）
祥伝社新書編集部
電話03（3265）2310
祥伝社ホームページ　http://www.shodensha.co.jp/bookreview/

★本書の購買動機（新聞名か雑誌名、あるいは○をつけてください）

＿＿＿＿新聞の広告を見て	＿＿＿＿誌の広告を見て	＿＿＿＿新聞の書評を見て	＿＿＿＿誌の書評を見て	書店で見かけて	知人のすすめで

★100字書評……東京大学第二工学部

名前
住所
年齢
職業

中野 明　なかの・あきら

ノンフィクション作家、同志社大学非常勤講師。1962年、滋賀県生まれ。1985年、立命館大学文学部哲学科卒業。情報通信・経済経営・歴史民俗の3分野で執筆を続ける。著作に『グローブトロッター——世界漫遊家が歩いた明治ニッポン』(朝日新聞出版)、『腕木通信——ナポレオンが見たインターネットの夜明け』(朝日選書)、『裸はいつから恥ずかしくなったか——日本人の羞恥心』(新潮選書)、『物語財閥の歴史』『幻の五大美術館と明治の実業家たち』『戦後日本の首相——経済と安全保障で読む』(以上、祥伝社新書)など。

東京大学第二工学部《とうきょうだいがくだいにこうがくぶ》
——なぜ、9年間《ねんかん》で消《き》えたのか

中野《なかの》 明《あきら》

2015年12月10日　初版第1刷発行

発行者……………竹内和芳
発行所……………祥伝社 しょうでんしゃ
〒101-8701　東京都千代田区神田神保町3-3
電話　03(3265)2081(販売部)
電話　03(3265)2310(編集部)
電話　03(3265)3622(業務部)
ホームページ　http://www.shodensha.co.jp/

装丁者……………盛川和洋
印刷所……………萩原印刷
製本所……………ナショナル製本

Printed in Japan　ISBN978-4-396-11448-0　C0221

〈祥伝社新書〉
古代史

316
古代道路の謎
奈良時代の巨大国家プロジェクト
巨大な道路はなぜ造られ、廃絶したのか？　文化庁文化財調査官が謎に迫る
文化庁文化財調査官
近江俊秀《おおみとしひで》

423
天皇はいつから天皇になったか？
天皇につけられた鳥の名前、天皇家の太陽神信仰など、古代天皇の本質に迫る
龍谷大学教授
平林章仁《あきひと》

326
謎の古代豪族　葛城《かつらぎ》氏
天皇家と並んだ大豪族は、なぜ歴史の闇に消えたのか？
平林章仁

370
神社が語る古代12氏族の正体
神社がわかれば、古代史の謎が解ける！
歴史作家
関　裕二

415
信濃が語る古代氏族と天皇
日本の古代史の真相を解く鍵が信濃にあった。善光寺と諏訪大社の謎
関　裕二

〈祥伝社新書〉
中世・近世史

278
源氏と平家の誕生
なぜ、源平の二氏が現われ、天皇と貴族の世を覆《くつがえ》したのか？
関　裕二

054
山本勘助とは何者か
信玄に重用された理由
軍師か、忍《しの》びか、名もなき一兵卒か。架空説を排し、その実像を明らかにする
作家
江宮隆之

442
織田信長の外交
外交にこそ、信長の特徴がある！　信長が恐れた、ふたりの人物とは？
戦国史研究家
谷口克広

232
戦国の古戦場を歩く
古地図、現代地図と共に戦闘の推移を解説。30の激戦地がよみがえる！
作家
井沢元彦 監修

161
《ヴィジュアル版》江戸城を歩く
今も残る石垣、門、水路、大工事の跡などをカラー写真と現地図・古地図で解説
歴史研究家
黒田　涼《りょう》

〈祥伝社新書〉
近代・現代史